westermann

wortstark 9

DEUTSCH

Förderheft

Erarbeitet von

Kerstin Inga Böcher
Sven Erik Hansen
Sina Worbs

wortstark 9

DEUTSCH

Förderheft

Das Förderheft basiert auf dem **wortstark**-Arbeitsheft 9 (ISBN 978-3-14-**124710**-7), erarbeitet von August Busse, Irmgard Honnef-Becker, Peter Kühn, Magdalena Maria Nickoll und Fritz Wiesmann.

Textquellen:
S. 18: Dein Spiegel 5/2023. S. 16-17. Katharina Kunert (verändert); **S. 22:** Textteile aus: WWF Deutschland. Der touristische Fußabdruck (verändert); **S. 26:** Aus: Marlene Röder. Melvin, mein Hund und die russischen Gurken. Erzählungen. Ravensburg: Ravensburger Buchverlag 2011. S. 13-18 (verändert); **S. 30/31:** Aus: Hanna Jansen. Herzsteine. Weinheim/Basel: Beltz Verlag 2018. S. 26-27, 33, 35-36 (verändert); **S. 34:** Aus: Deutsche Großstadtlyrik von Naturalismus bis zur Gegenwart. Hrsg. von Wolfgang Rothe: Reclam Verlag 1973. S. 194; **S. 38:** Kate Brady. Wenn Schüler kaum Deutsch sprechen. Deutsche Welle, Bonn/Berlin. https://www.dw.com/de/wenn-sch%C3%BCler-kaum-deutsch-sprechen/a-50058192 (27.04.2023, verändert); **S. 39:** Ursula Neumann. „Die müssen die Sprache lernen". Bundeszentrale für politische Bildung, Bonn. https://www.bpb.de/themen/migration-integration/kurzdossiers/253289/die-muessen-die-sprache-lernen/ (27.04.2023, verändert); **S. 43:** Willkommen in Istanbul. Aus: Istanbul. Merian Momente. München: Travel House MEDIA 2014. S. 6 (verändert); **S. 67:** wgr/©dpa; S. 69: ZEIT LEO. März/April 2022 (verändert); **S. 80:** wgr/©dpa

Bildquellen:
|123RF.com, Hong Kong: atomdruid 43.4. |Alamy Stock Photo (RMB), Abingdon/Oxfordshire: fStop 50.2; Zoonar GmbH 18.2. |Beltz & Gelberg in der Verlagsgruppe Beltz, Weinheim: Hanna Jansen: Hersteine / Gulliver 30.1. |Diaz, Danae, Stuttgart: 3.1, 3.2. |dreamstime.com, Brentwood: Marco Eugenio 61.1. |fotolia.com, New York: contrastwerkstatt 48.1; Körber, Stefan 60.4. |Güttler, Peter - Freier Redaktions-Dienst (GEO), Berlin: 43.1. |iStockphoto.com, Calgary: alvarez 58.1; Asia-Pacific Images Studio 43.5; Juanmonino 56.1; Ljupco (Jugendliche auf Skateboard) Titel, Xurzon (Hintergrund) Titel; OlegAlbinsky 60.2; Ridofranz 72.1; sculpies 60.6; Sunnybeach 60.5; superjoseph 60.9; Vesnaandjic 15.1. |Karl Jehle „Diskallico", Ascheberg OT Herbern: Diskallico „Light Rider" / https://www.diskallico.de 74.1. |PantherMedia GmbH (panthermedia.net), München: federicofoto 60.10. |Picture-Alliance GmbH, Frankfurt a.M.: Frank May 26.1; Oliver Berg 80.4; Peter Steffen 38.2, 39.4. |Schwarzstein, Yaroslav, Hannover: 6.1, 6.2, 7.1, 8.1, 8.2, 8.3, 8.4, 28.1, 31.1, 34.1. |Shutterstock.com, New York: Lambros Kazan 60.8; Olga Kashubin 60.11; PureSolution 4.2; SAK Design 5.2; vasabii 4.1, 4.3, 5.1. |stock.adobe.com, Dublin: benjaminnolte 52.2; Bykhunenko, Sergiy 45.1; contrastwerkstatt 56.4; david@engel.ac 60.1; dudlajzov 60.3; ehrenberg-bilder 11.1; Eppele, Klaus 18.5; F8studio 72.3; Fälchle, Jürgen 50.1, 57.1; fotomek 66.1; Kneschke, Robert 78.1; lassedesignen 63.2; magele-picture 10.2; motortion 54.2; muratart 60.7; romablack 45.2; Söllner, Thomas 22.2; Tanja Bagusa 16.1, 16.2, 16.3; XtravaganT 51.1. |WWF Deutschland, Berlin: Der touristische Klima-Fußabdruck © 2009 24.1. |Zeitverlag Gerd Bucerius GmbH & Co. KG, Hamburg: Mit freundlicher Genehmigung von Simone Giertz 68.1.

westermann GRUPPE

Druck A[1] / Jahr 2023
Alle Drucke der Serie A sind im Unterricht parallel verwendbar.

Redaktion: Stefan Bicker
Umschlaggestaltung: Janssen Kahlert Design & Kommunikation, Hannover
Druck und Bindung: Westermann Druck GmbH, Georg-Westermann-Allee 66, 38104 Braunschweig

ISBN 978-3-14-**124722**-0

So lernst du mit dem wortstark-Förderheft

Liebe Schülerin, lieber Schüler!

Mit dem **wortstark**-Förderheft kannst du üben und festigen, was ihr im Deutschunterricht gelernt habt. Dann bist du auch gut vorbereitet, wenn ihr dazu eine Klassenarbeit schreibt.

In das Förderheft kannst du hineinschreiben, du kannst darin etwas markieren, ergänzen oder zeichnen.

Wenn du Aufgaben bearbeitest hast, kannst du mit dem Lösungsteil kontrollieren, ob du alles richtig gemacht hast.

Die meisten Übungen wirst du bearbeiten, wenn das Thema gerade im Unterricht durchgenommen und besprochen wird. Später kannst du diese Seiten noch einmal wiederholen. Hake im Inhaltsverzeichnis ab, welche Seiten du bearbeitet und wiederholt hast.

bearbeitet	wiederholt
✔	✔

Wähle deine Übungen mit Überlegung aus! Frage dich, was du besonders üben oder wiederholen solltest. Lass dich bei der Auswahl von deiner Lehrerin oder deinem Lehrer beraten.

Und nun: Viel Spaß und Lernerfolg mit dem **wortstark**-Förderheft!

SPRECHEN UND ZUHÖREN

SCHREIBEN

TEXTE UND MEDIEN

Gedichte untersuchen und die Ergebnisse aufschreiben

bearbeitet wiederholt

Texte miteinander vergleichen

bearbeitet wiederholt

Medientexte miteinander vergleichen

bearbeitet wiederholt

Sprache und Sprachgebrauch untersuchen

bearbeitet wiederholt

Rechtschreiben lernen und üben

bearbeitet wiederholt

Schülerband
Seiten 16 – 17

Sich vor dem Hören mit dem Thema vertraut machen

1 Schau dir die Abbildung an und beschreibe, was du siehst:

ansehen
beiden
gemeinsame
Handy
ein Mädchen und einen Jungen
im Arm halten
wichtiger

Die Abbildung zeigt ______________________

______________________,

die sich ______________________.

Jeder guckt dabei auf sein ______________________.

Mir fällt auf, dass die ______________________

sich gar nicht ______________________.

Das Bild soll zeigen, dass das Handy ______________________

ist als die ______________________ Zeit.

2 Notiere Situationen, in denen du dein Handy oft benutzt.

Ich benutze mein Handy oft, wenn ______________________

____

____

3 Kennst du die Aktion **„Handyfasten"**?
Dabei verzichtet man für ein paar Tage auf das Handy.
Kannst du dir vorstellen, dabei mitzumachen?

Ja/Nein, weil ______________________

____

____

Den Text einmal hören und das Wichtigste verstehen

Schülerband Seite 17

1 Hör dir einen Podcast aus der Reihe „Wissen macht schlau!" an. Beantworte anschließend die Fragen a. und b.

Digital+
Hörtext
Podcast „Wissen macht schlau!"

a. Um welches Thema geht es? Kreuze an:

Es geht um Abhängigkeit ...
- ☐ von Medikamenten.
- ☐ vom Handy.

b. Mit wem und warum spricht der Podcaster? Kreuze an und verbinde:

- ☐ Marius, 9. Klasse
- ☐ Laura, 9. Klasse
- ☐ Anja Zelten, Podcasterin
- ☐ Tanja Felten, Medienpädagogin

kann als Forscherin erklären, was Handysucht ist und was dagegen zu tun ist.

kann berichten, wie sie als Jugendliche mit dem Handy umgeht.

2 Wie ist der Podcast aufgebaut? Nummeriere die Teile von eins bis vier.

a. Vorstellung der Gäste/Gesprächspartner ______

b. Bitte um Kommentare zum Podcast ______

c. Gespräch mit einer Medienpädagogin ______

d. Gespräch mit einer Schülerin ______

3 Wer gibt mehrere Tipps, um weniger Zeit am Handy zu verbringen? Kreuze an:

☐ Marius ☐ Laura ☐ Tanja Felten ☐ Zuhörer

Schülerband
Seiten 18 – 21

Wichtige Informationen und Meinungen heraushören

1 Höre noch einmal, was der Podcaster die Schülerin fragt und was sie darauf antwortet.
- Schau dir dazu auch die Abbildungen an.
- Du sollst heraushören, ob die Aussagen a. – h. richtig oder falsch sind.
- Lies vor dem Hören die Aussagen a. – h. genau.
- Kreuze beim Hören die richtigen Antworten an.

Das antwortet Laura dem Podcaster Marius ...	richtig	falsch
a. Laura chattet über zwei Stunden am Tag.		
b. Laura ist stolz auf die Zeit, die sie jeden Tag mit dem Handy verbringt.		
c. Laura chillt beim Handy-Spielen während der Busfahrt.		
d. Laura nutzt ihr Handy sogar auf der Toilette.		
e. Laura nutzt ihr Handy fast nur für die Schule.		
f. Laura schaltet ihr Handy bei den Hausaufgaben meist aus.		
g. Eine Schulfreundin von Laura nutzt ihr Handy nur zum Telefonieren.		
h. Laura schafft es immer, ihren Handygebrauch zu reduzieren.		

2 Laura äußert in dem Podcast auch Meinungen.
Kreuze die Sätze an, in denen sie ihre Meinung äußert:

- ☐ Nach Unterrichtsschluss checke ich meine Nachrichten.
- ☐ Mir ist mein Handy schon mal ins Klo gefallen.
- ☐ Manche haben echt krasse Bildschirmzeiten.
- ☐ Mein Handy bedeutet mir sehr viel. Es gehört für mich dazu.
- ☐ Ich finde die Chatbeiträge meiner Mitschüler öde.

Mit dem Gehörten weiterarbeiten

Schülerband Seite 22

1 Höre noch einmal, was der Podcaster die Medienpädagogin fragt und was sie darauf antwortet.

a) Fasse zusammen, wann die Medienexpertin den Handygebrauch als bedenklich einstuft. Kreuze an:

Es ist bedenklich, wenn jemand bei schlechter Laune ...

- ☐ nur die Idee hat, sein Handy zu nehmen.
- ☐ die Idee hat, Sport zu machen oder Freunde zu treffen.

b) Nimm Stellung zur Aussage der Medienexpertin:
„Mein Handy darf nicht mein Seelentröster sein!“

Was die Medienpädagogin sagt, finde ich richtig/nicht richtig. ____________

Meine Begründung: ____________

____

____

2 a) Welche Tipps gibt die Medienpädagogin, um weniger Zeit am Handy zu verbringen? Kreuze an:

- ☐ a. Auf die Eltern hören
- ☐ b. Feste Pausenzeiten festlegen
- ☐ c. Nachrichten nur zu bestimmten Zeiten beantworten
- ☐ d. Im Kino das Handy ausstellen
- ☐ e. Töne ausstellen
- ☐ f. Das Handy ausmachen, wenn man sich mit Freunden trifft

b) Welchen Tipp könntest du am besten umsetzen? Warum?

Es ist Tipp ______, weil ____________

____

Schülerband Seiten 42 – 44

Aus Materialien für einen Schreibauftrag auswählen

Du sollst einen Beitrag für die Schulhomepage schreiben. Informiere darüber, was einen im Praktikum erwartet.

1 Lies zuerst den Text.

Wegweiser für Praktika

Die Handwerkskammern beraten auch Auszubildende oder Jugendliche, die ein Praktikum machen wollen.

Das Wichtigste zuerst: die Wahl des Betriebs gut überlegen. In welchem Bereich möchtest du Erfahrungen sammeln? Nicht bequem sein und einfach das Erstbeste nehmen. Das Praktikum ist eine große Chance. Finde heraus, ob sich die Realität mit deinen eigenen Erwartungen deckt.

Zuerst erhält man einen Überblick über den Betrieb, lernt Mitarbeiter kennen und bekommt wichtige Regeln erklärt. Frage nach, so zeigst du dein Interesse.

Am Anfang schaust du hauptsächlich deinem festen Ansprechpartner bei der Arbeit zu und übernimmst kleinere Aufgaben. Biete dich aktiv für eine Aufgabe an. Vielleicht sogar für eine unangenehme Aufgabe.

Es ist gut, wenn du deine Aufgaben ernst nimmst und zuverlässig bist. Sei dabei auch freundlich und höflich. Mit der Zeit wachsen deine Aufgaben.

Aber man soll und kann kein „vollwertiger Mitarbeiter" sein, schließlich steht die Berufsorientierung im Vordergrund.

Du kannst im Praktikum erste Kontakte knüpfen, die für später hilfreich sein können. Vielleicht wird die Praktikumsstelle dein Ausbildungsbetrieb. Neben Einsichten für die Berufsorientierung kann sich im Praktikum also auch ein Nutzen für die Zeit nach der Schule ergeben.

2 Wähle Informationen für deinen Text aus und halte sie auf Notizzetteln fest.

Abläufe im Praktikum

- Überblick über den ________________ bekommen
- ________________ kennenlernen
- erst zuschauen, dann kleine ________________ übernehmen, später mehr
- kein „________________ Mitarbeiter"
- ________________ steht im Vordergrund

Aufgaben
Berufsorientierung
Betrieb
Mitarbeiter
vollwertiger

Verhalten im Praktikum

- ________________, Interesse ________________
- sich für ________________ anbieten, auch für ________________
- Arbeit ________________ nehmen, ________________ sein
- freundlich und ________________ sein

Aufgaben
ernst
höflich
nachfragen
unangenehme
zeigen
zuverlässig

Schülerband
Seiten 46 – 47

Den eigenen Text verfassen

❶ Wähle eine passende **Überschrift** aus. Kreuze an.
Du kannst dir auch eine eigene Überschrift ausdenken.

☐ Das Praktikum – Eine aufregende Sache für dich

☐ Dein Praktikum – Was du vorher wissen musst

☐ ______________________________

❷ Nummeriere die Sätze für die **Einleitung** in der richtigen Reihenfolge. Du kannst dir auch eine eigene Einleitung ausdenken.

_____ Diese Fragen möchte ich beantworten, damit du gut starten kannst.

_____ Was kommt auf dich zu? Wie kannst du das Praktikum gut nutzen? Worauf musst du achten?

____

____

❸ Wähle einen passenden **Schluss** aus. Kreuze an.
Du kannst dir auch einen eigenen Schluss ausdenken.

☐ Meiner Meinung nach ist das Praktikum eine wichtige Sache, die du gut für dich nutzen solltest.

☐ Mein Praktikum war richtig toll. Es hat mir sehr viel Spaß gemacht und alle waren sehr nett.

☐ ______________________________

____

❹ Schreibe nun mit deinen **Vorarbeiten** den **Text für die Homepage** der Schule.

Überschrift (→ Aufgabe 1)	______________________
Einleitung (→ Aufgabe 2)	______________________ ______________________ ______________________
Hauptteil a) Abläufe im Praktikum (→ Notizzettel)	So sind die Abläufe im Praktikum: Zuerst erhältst du einen Überblick über den ______________ und lernst die ______________ kennen. Am Anfang schaust du zu und übernimmst dann kleine ______________. Du bist aber kein „______________ Mitarbeiter“. Für dich ist die ______________ wichtig.
Hauptteil b) Verhalten im Praktikum (→ Notizzettel)	Dein Verhalten im Praktikum ist sehr wichtig. Hier ein paar Tipps: Frage nach und zeige ______________. Biete dich auch für ______________ Aufgaben an. Nimm deine ______________ ernst und erledige sie ______________. Sei freundlich und ______________.
Schluss (→ Aufgabe 3)	______________________ ______________________ ______________________ ______________________

Schülerband Seiten 69 – 70

Ein Bewerbungsanschreiben überarbeiten

1 Lies das **Anschreiben** zu Joanas Bewerbung:

Sehr geehrte Frau Sänger,

sehr ______

im Netz habe ich Ihre ~~extrem~~ ansprechende Anzeige für eine Ausbildung zur Fahrradmonteurin gefunden. Durch den Technikunterricht ist mir schon seit Langem klar, dass ich ein Handwerk erlernen möchte. Büroarbeit ist nicht so mein Ding. Da mich alles rund um das Fahrrad interessiert, würde ich mich sehr freuen, Teil Ihres einzigartigen Teams zu werden.

Da ich schon seit ewigen Zeiten an meinem Fahrrad herumschraube, habe ich die Gelegenheit genutzt, ein Praktikum in unserer schuleigenen Reparaturwerkstatt zu machen.

Dabei habe ich irrsinnig viel Neues gelernt, massig Lob erhalten und gecheckt, dass die Arbeit mit Fahrrädern echt das Richtige für mich ist.

Fahrräder sind ein Verkehrsmittel der Zukunft und deshalb möchte ich gern in diesem Bereich arbeiten.

Über eine Einladung zu einem persönlichen Gespräch freue ich mich sehr.

Mit freundlichen Grüßen

Joana Sibelius

2 Überarbeite Joanas Anschreiben.

a) Ersetze die gelb markierten unpassenden Formulierungen:
- Kreuze an, warum die markierte Formulierung nicht passt.
- Schreibe ein Wort auf, das besser passt.
- Streiche das unpassende Wort im Text durch.
- Schreibe die neue Formulierung neben die Zeile.

- extrem ☐ streichen ☒ anderes Wort: sehr ______
  Begründung: ☐ Übertreibung ☐ Alltagssprache
- einzigartigen ☐ streichen ☐ anderes Wort: ______
  Begründung: ☐ Übertreibung ☐ Alltagssprache
- ewigen Zeiten ☐ streichen ☐ anderes Wort: ______
  Begründung: ☐ Übertreibung ☐ Alltagssprache
- gecheckt ☐ streichen ☐ anderes Wort: ______
  Begründung: ☐ Übertreibung ☐ Alltagssprache

b) Gehe so auch bei den grau markierten Wörtern vor.

3 An welche Stelle passt der folgende Absatz?

In meiner Freizeit bin ich Mitglied im Fahrrad-Club. Ich nehme regelmäßig an Ausfahrten teil. Außerdem kümmere ich mich mit anderen Vereinsmitgliedern um die Homepage des Clubs.
Die Leidenschaft für Fahrräder habe ich übrigens von meinem Vater geerbt.

a) Markiere die Stelle im Text so: 1).

b) Zwei Sätze in diesem Absatz sind nicht so wichtig. Streiche sie.

Schülerband Seite 71

Ein Bewerbungsanschreiben verfassen

Hier siehst du ein **Angebot** für die **Ausbildung** in einer Kita und Teile aus dem **persönlichen Profil** von Marius Jansen.

1. Lies das Angebot und das persönliche Profil von Marius.

KITA KUNTERBUNT
bunt, offen, fröhlich

Ausbildung zum Erzieher/zur Erzieherin (m/w/d)

Wer sind wir?
Wir sind eine inklusive Kita:
Hier spielen und lernen Kinder im Alter von 0 bis 6 Jahren mit oder ohne Beeinträchtigungen.

Wie wir arbeiten?
Wir arbeiten in einem Team mit verschiedenen Berufen.
Unsere Schwerpunkte liegen in der Förderung von Bewegung, Sprache und Musik.

Wen wir suchen? Dich!
- Dir liegen das Wohl und die Bedürfnisse von Kindern am Herzen.
- Du bist zuverlässig und verantwortungsbewusst.
- Du hast kreative Ideen und liebst Musik.
- Du arbeitest gern im Team und bildest dich weiter.

Was wir dir bieten?
- Ein offenes, fröhliches und motiviertes Team
- Beratung und Unterstützung bei der Ausbildung
- Bezahlung nach TVöD, 30 Tage Urlaub

Sende deine Bewerbungsunterlagen an: kitakunterbunt@stadt-mehlhausen.de
(Ansprechpartnerin: Raquel Ruiz)

Auszüge aus dem persönlichen Profil von Marius Jansen

- spielt seit sieben Jahren Klavier
- hat zwei Praktika im Kindergarten gemacht
- arbeitet stundenweise in der Küche im Altenheim
- ist Mitglied bei den Schulsanitätern
- Wünsche an zukünftigen Beruf: abwechslungsreiche Tätigkeit und Bewegung; Arbeit mit Menschen, etwas Sinnvolles tun
- Stärken: zuverlässig, empathisch, verantwortungsbewusst, aufgeschlossen
- Mutter von Marius ist auch Erzieherin

2 Arbeite wichtige Informationen aus dem Angebot und aus dem Profil von Marius heraus, die zusammenpassen. Ergänze:

inklusive Kita	zwei Praktika im Kindergarten
Schwerpunkt Bewegung	Wunsch an den Beruf: ...
Schwerpunkt Musik	spielt seit sieben ...
Kinder liegen dir am Herzen.	
Du bist zuverlässig und verantwortungsbewusst.	Stärken:
Du arbeitest gern im Team.	

3 Ergänze den Hauptteil von Marius' Anschreiben.
Nutze dabei die Ergebnisse von Aufgabe 2.

Durch zwei Praktika im ... habe ich die Arbeit mit Kindern ...
Ihre Schwerpunkte passen gut zu meinen ...
Seit sieben Jahren ... und ich liebe die ...
Mir ist in meinem zukünftigen Beruf auch die ... sehr wichtig.
Mir liegen die Bedürfnisse der Kinder am Herzen.
Meine Stärken helfen mir bei der Umsetzung. Ich bin ...

Schülerband
Seiten 74 – 75

Bausteine in Stellungnahmen erkennen

❶ Lies den Text „Schluss mit der Sauklaue".

Katharina Kunert

Schluss mit der Sauklaue

① Eine fließende Handschrift bringt Gedanken zum Fliegen. Das meint die Autorin Cornelia Funke. Bei ihr scheint es zu klappen: Ihre Bücher begeistern die ganze Welt. Sie schreibt ihre Fantasie-Welten immer zuerst mit einem Stift auf.

② Schüler tun sich aber schwer mit dem Handschreiben. Nach Corona wurde es noch schlechter. Warum schreiben manche schlecht und andere nicht? Beim Schreiben braucht man nicht nur zwei Finger. 30 Muskeln und 17 Gelenke müssen dabei fein zusammenarbeiten. Manchen Kindern fällt das am Anfang schwer, sie verkrampfen, drücken fest auf oder nehmen eine ungünstige Haltung ein. Dann kann eine unleserliche Handschrift entstehen – aus „Hund" wird „Hand". Man kann sogar Schmerzen beim Schreiben bekommen. Vielen Kindern tut schon nach 30 Minuten Schreiben die Hand weh. Marianela Diaz Meyer arbeitet in einem Schreib-Institut. Sie gibt Schulklassen Tipps, um ihre Handschrift zu verbessern. Sie sagt, dass es besser wäre, wenn andere die Handschrift entziffern könnten. Dann wissen andere leichter, was man kann oder ob man Hilfe braucht.

③ Es lohnt sich, nicht einfach den Stift gegen den Computer auszutauschen. Denn Handschreiben macht schlau. Das Gehirn ist viel aktiver, wenn man sich Notizen per Hand statt über eine Tastatur macht. Der Körper nimmt wahr, wie es sich anfühlt, den Stift aufs Papier zu drücken, und die Geräusche beim Schreiben. Dadurch können wir uns besser an die Notizen erinnern. Außerdem ordnen wir unsere Gedanken dabei. Beim Schreiben wählt das Gehirn schon das Wichtigste aus, was wir uns merken müssen.

(verändert)

2 Worum geht es in dem Text? Kreuze an:

☐ a. Das Schreiben mit der Hand und mit dem Computer ergänzen sich gut.
☐ b. Das Schreiben mit der Hand hat viele Vorteile und sollte deshalb geübt werden.

3 Finde für jeden Abschnitt eine passende Überschrift.

① ______________________________

____

② ______________________________

③ ______________________________

– Warum Handschreiben schlau macht
– Warum Handschreiben für Cornelia Funke so wichtig ist
– Warum Handschreiben für viele schwer ist

4 Welche wichtigen Bestandteile enthält der Text von Katharina Kunert? Kreuze an:

☐ a. Sie befragt Jugendliche und schreibt deren Meinung auf.
☐ b. Sie berichtet, wie wichtig das Schreiben mit der Hand für eine berühmte Autorin ist.
☐ c. Lehrer erklären, wie sie das Schreiben mit der Hand in der Schule unterrichten.
☐ d. Eine Mitarbeiterin von einem Schreib-Institut sagt, warum das Schreiben mit der Hand wichtig ist.
☐ e. Ergebnisse aus der Forschung werden berichtet: Warum Schreiben mit der Hand besser ist als mit dem Computer.

5 Was möchte Katharina Kunert mit ihrem Text erreichen? Kreuze an:

Sie möchte
☐ a. ..., dass mehr Menschen mit dem Computer schreiben.
☐ b. ... über das Handschreiben informieren.
☐ c. ..., dass mehr Menschen mit der Hand schreiben.
☐ d. ..., dass Jugendliche so schreiben wie Cornelia Funke.

6 Lies die Stellungnahmen A und B zu dem Text von Katharina Kunert. Schreibe auf, wie sie sich jeweils zusammensetzen:
- die eigene Meinung begründen
- Bezug zum Text
- die eigene Meinung nennen

____

____

____

A Katharina Kunert beginnt mit einer Aussage der Autorin Cornelia Funke. Diese schreibt ihre Texte mit der Hand und ist davon begeistert.
Ich kann der Meinung von Cornelia Funke nicht zustimmen. Bei ihr mag es ja so sein, dass sie dann besser formulieren kann.
Aber ich kann nur mit Mühe Hand schreiben. Es sieht auch nicht gut aus. Mit der Tastatur am Computer bin ich schneller, ich kann zwischendurch korrigieren und hinterher habe ich schon den fertigen Text.
Saskia

____

____

____

B In ihrem Text führt Katharina Kunert Cornelia Funke an, die behauptet, dass ihre Handschrift auch für gute Gedanken beim Schreiben sorgt.
Ich meine, dass dies nur unter bestimmten Bedingungen so ist.
Denn es gibt viele Schüler, die große Mühe haben, etwas für andere leserlich aufzuschreiben. Bei ihnen drehen sich die Gedanken höchstens darum, wie sie Worte überhaupt lesbar aufs Papier bekommen.
Ela

7 Wie wird in den Stellungnahmen argumentiert?

andere Meinung
eigenen
Erfahrungen
Schülern
teilweise

Saskia hat eine ______________________ als Cornelia Funke. Sie begründet das mit ______________ Erfahrungen.

Ela stimmt Cornelia Funke nur ______________________ zu und begründet das mit ______________________ von anderen.

Schriftlich Stellung nehmen

Schülerband Seite 76

1 Wie ist deine Meinung zu Cornelia Funke?
Ergänze den Schreibplan.

Bezug zum Text	Cornelia Funke schreibt ihre Bücher mit der Hand. Sie hat dabei immer richtig gute Ideen.
Eigene Meinung nennen	Ich bin der Meinung, dass ______
Die Meinung begründen	

2 Wie ist deine Meinung zum Schreiben mit dem Computer?
Ergänze den Schreibplan. Nutze Abschnitt ③ des Texts „Schluss mit der Sauklaue“ (Seite 18).

Bezug zum Text	Katharina Kunert behauptet, dass Schreiben mit der Hand schlauer macht als mit dem Computer.
Eigene Meinung nennen	Ich bin der Meinung, dass ______
Die Meinung begründen	

Schülerband
Seiten 105 – 107

Den Text einordnen und Informationen herausarbeiten

1 Lies den Text von der Natur- und Umweltschutzorganisation WWF.

① Viele Menschen machen Urlaub am Strand. Doch sie hinterlassen dabei nicht nur Spuren im Sand, sondern auch im Klima. Reisen schadet unserer Umwelt. Es bedeutet mehr Verkehr und Abgase, mehr Straßen, riesige Hotels, viel Müll, hohen Verbrauch an Energie und Wasser. Experten bezeichnen das als „CO_2-Fußabdruck". 2022 verursachte jeder Mensch in Deutschland durchschnittlich fast 11 Tonnen CO_2. Das sind die klimaschädlichen Gase, die beim Verbrennen von Erdöl, Kohle und Gas entstehen. Experten warnen: Wir müssen den Ausstoß drastisch verringern, um einen CO_2-Fußabdruck von 1 Tonne (= 1.000 kg) CO_2 pro Jahr pro Person zu erreichen.
Beim Reisen ist für den CO_2-Fußabdruck die An- und Abreise zum Ziel am wichtigsten. Besonders schädlich sind Fernreisen per Flugzeug. Wichtig beim Reisen sind außerdem noch die Freizeitaktivitäten vor Ort sowie Unterkunft und Verpflegung.

② Ein Beispiel: Familie Gussner will ihren Urlaub auf der spanischen Insel Mallorca verbringen. Sie fahren mit dem Airport-Bus zum Flughafen. Nach dem Flug von Hamburg nach Palma de Mallorca geht es mit dem Bus 70 Kilometer weiter zu ihrem Hotel in Alcúdia. Zwischendurch viele Stopps an den anderen Hotels bei laufendem Motor.

Das Hotel mit den riesigen Pools sieht fast so aus wie im Prospekt. Die Zimmer sind schön groß und der Blick vom Balkon direkt auf das Meer ist einfach klasse. Nach dem Essen holen sie ihren Mietwagen für die ganze Zeit ab. Sie wollen damit nach Palma und an andere Strände der Insel fahren. 500 Kilometer in zwei Wochen sind nicht viel, da sind sie sich einig. Auch ein ganztägiger Motorbootausflug steht auf dem Programm. Spontan lassen sich die drei noch zu einer Tagestour mit dem Quad überreden.
Die Familie hat Vollpension gebucht, denn das Essen ist günstig und reichhaltig. Fast jeden Abend gehen die Eltern in eine der zahlreichen Bars, wo sie ihren Urlaub genießen.
Sohn Nicki verbringt die Abende meist auf der Indoor-Kartbahn oder dem hoteleigenen Kino.
Dier 14 Tage Urlaub sind für Familie Gussner ein voller Erfolg! Auch für das Klima? *(verändert)*

2 Welche Überschrift passt zum Text. Kreuze an:

☐ a. **Klima-Fußabdruck einer Urlaubsreise**
☐ b. **Mallorca-Urlaubsreise ohne Umweltsünden**

3 Finde für jeden Abschnitt eine passende Überschrift.

①: ______________________________

②: ______________________________

– Ein Beispiel: Familienurlaub auf Mallorca
– Welche CO_2-Belastungen beim Reisen entstehen

4 Was wird mit dem Text beabsichtigt? Kreuze an:

☐ a. Niemand soll mehr auf Mallorca Urlaub machen.
☐ b. Achtung: Reisen hat Auswirkungen auf unser Klima!
☐ c. Man möchte Werbung für Urlaub auf Mallorca machen.
☐ d. Es wird davor gewarnt, zu viel Geld im Urlaub auszugeben.

5 Erkläre, was mit „Klima-Fußabdruck" gemeint ist.

Ein Fußabdruck bedeutet, dass man ______________________

hinterlässt. Beim CO_2-Fußabdruck wird ausgerechnet, welche

______________________ Dinge, die man tut, für das Klima haben.

Man spricht deshalb auch vom ______________________-Fußabdruck.

Auch das ______________________ trägt dazu bei.

Folgen
Klima
Reisen
Spuren

6 Notiere, welche Ursachen den größten Einfluss auf den CO_2-Fußabdruck beim Reisen heben. Unterstreiche die Hauptursache im Text. Nutze Abschnitt ① .

____

____

____

7 Beantworte die Fragen zur Grafik. Kreuze an:

Der CO_2-Fußabdruck gilt …
- ☐ für eine Person.
- ☐ für die ganze Familie.

Der größte Anteil ist …
- ☐ die An- und Abreise.
- ☐ die Unterkunft.

Die Unterkunft macht …
- ☐ 168 kg CO_2 aus.
- ☐ 148 kg CO_2 aus.

Touristischer Klima-Fußabdruck
CO_2 pro Person 1.221 kg:

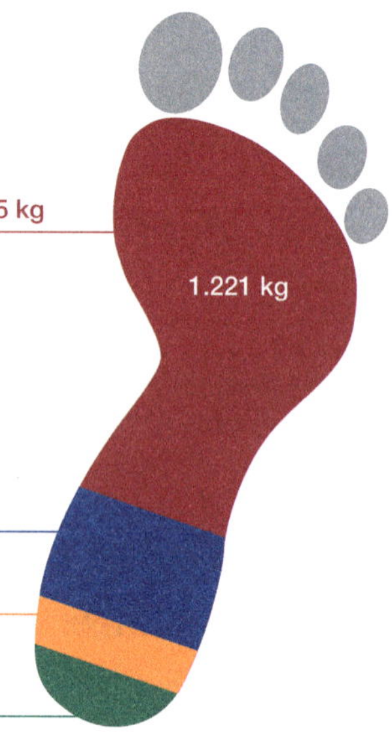

8 Beschreibe, wodurch der CO_2-Fußabdruck von Familie Gussner auf ihrer Reise verursacht wird. Nutze auch die Grafik, um den Text zu ergänzen.

Fliegen
ganze Jahr
pro Person
verbraucht

Familie Gussner ____________________ für ihren Urlaub ____________________ ca. 1.200 kg CO_2. Den größten Anteil macht die ______________________________ aus. Besonders das ____________________ ist sehr klimaschädlich. Viel CO_2 wird auch durch die ____________________ und die ______________________________ verbraucht. Weil Familie Gussner viel unternimmt, sind als viertes noch die ______________________________ vor Ort zu nennen. Jeder aus der Familie verbraucht in zwei Wochen Urlaub mehr CO_2, als Experten für das ____________________ empfehlen.

Gründe, Ursachen und Folgen herausarbeiten

Schülerband Seiten 108 – 110

1 Ermittle Ursachen und Folgen.

a. Warum verursachen die An- und Abreise nach Mallorca den größten Anteil an klimaschädlichen Gasen?

Weil das Fliegen mit dem Flugzeug am meisten ______________

____

b. Wie beurteilst du die Freizeitaktivitäten der Familie vor Ort?

Ich verstehe die Aktivitäten der ______________ nicht so ganz.

Sie machen doch ______________ an einem schönen

Ort und unternehmen trotzdem noch so viele ______________

zu anderen ______________.

Fahrten
Familie
Stränden
Urlaub

c. Wie könnte Familie Gussner ihren CO_2-Fußabdruck verringern?

Statt ein ______________ auf der Insel zu mieten, könnte

Familie Gussner mit dem ______________ fahren oder mehr in

Alcúdia bleiben und dort an den ______________ gehen.

Statt mit dem Flugzeug in den Urlaub zu fliegen, könnte Familie

Gussner ______________________________________

____

____

____

Auto
Bus
Strand

Schülerband Seiten 122 – 125

Eine Kurzgeschichte lesen und das Wichtigste festhalten

Marlene Röder
(1983 geboren) schreibt seit ihrem 14. Lebensjahr Geschichten. Sie hat zahlreiche Preise für ihre Bücher bekommen.

1 Lies die Kurzgeschichte von Marlene Röder durch. Finde eine Überschrift und schreibe sie über den Text.

2 a) Wie findest du die Geschichte? Kreuze an:

☐ traurig ☐ lustig ☐ spannend ☐ zum Nachdenken

b) Begründe deine Entscheidung.

Ich finde die Geschichte ______________________________, weil

____

____

Meine Überschrift: ______________________________________

Chuck Norris ist ein Actionheld.

Er macht immer etwas, was gar nicht geht. Jetzt muss mein Freund Piet den Actionhelden spielen. Ich schlinge ihm den linken Arm um den Hals, er schiebt seinen Arm unter meine Knie und hebt mich hoch. Er trägt mich wie eine Braut. „Ich bin nicht sicher, ob das eine gute Idee ist, Ben“, keucht er. Wir wanken die Metalltreppe hoch.

„Klar ist das genial“, behaupte ich, obwohl ich mir nicht mehr sicher bin. Wir sind oben. Piet setzt mich ab. Meine nutzlosen Beine baumeln über den Rand der steilen Halfpipe. Ich fühle mich sofort besser. „Jetzt noch den Rolli“, sage ich. „Schnell, die anderen müssen gleich hier sein.“ Rainbow, denke ich, Rainbow, Rainbow.

Piet stöhnt, aber er tut, was ich ihm sage. Er weiß, dass mir das hier wichtig ist, und er ist mein bester Freund.

Er geht die Treppe wieder runter und ich sitze hier und kann die ganze Prärie überblicken. Wir nennen es die Prärie, weil hier nichts ist. Nur alte Bahnschienen und Glasscherben und das hohe Gras. Mittendrin unsere Halfpipe. Horror für jeden Rollifahrer. Außer für mich.

Jetzt kann ich die anderen sehen. Johnny geht vor, dann Patexx und Fred mit seinem Hund. Zuletzt kommt Rainbow. Sie geht mit ausgebreiteten Armen, als wollte sie mit den Händen über das Gras streichen. Ich würde das auch gern machen, bei ihren Haaren. Wie sich das wohl anfühlt, all die Farben. Ich nenne sie Rainbow, weil ihre Haare bunt sind. Jetzt kann ich sie lachen hören. Niemand kann so lachen wie Rainbow. Eigentlich nenne ich sie Rainbow, weil sie mir Glück bringt. Johnny hat mich oben auf der Halfpipe gesehen, er grüßt vor mir wie ein General und ruft: „Zu Diensten! Warum hast du uns herbestellt, Ben?“ Er ist echt in Ordnung und macht unglaubliche Sachen mit seinem Board. „Wirste gleich sehen, Johnny!“, rufe ich zurück. Die Halfpipe ist hoch. Aber was soll mir schon passieren? Im Rollstuhl sitze ich ja schon. Das Skaten – wir nennen es fliegen.

Fluchend zerrt Piet meinen Rolli auf die Plattform, klappt ihn auf. Unten witzeln Patexx und Fred, dass ich jetzt auch auf die Pipe will. Aber Rainbow lacht nicht. „Was soll 'n das werden, Ben?“, fragt Johnny. „Willst du das machen, nur wegen letzter Woche ...“, fragt Piet. Letzte Woche waren wir bei Johnny und haben DVDs übers Skaten geguckt und ein paar Folgen Jackass. Rainbow hielt sich die Hände vor die Augen, während die Jackass-Truppe mit einem Bobbycar Rolltreppen runtersauste und alle möglichen anderen Aktionen machte. Ich musste über Rainbow lachen und sie selbst lachte auch und meinte: „Sind die mutig oder einfach total durchgeknallt, oh Gott, ich kann nicht hingucken!“ Aber dann guckte sie doch. Johnny war eine Cola holen gegangen und da habe ich sie gefragt, ob sie mal was mit mir machen will. Nur wir beide. Obwohl ich weiß, dass Rainbow auf Johnny steht. Rainbow sagte: „Klar, warum nicht?“ Jeden anderen hätte sie abblitzen lassen, weil sie sich wegen Johnny nicht mit anderen Jungs trifft. Aber ich zähle wohl nicht als Junge, ich bin nur der im Rollstuhl. Na, danke. Das war letzte Woche, und da wusste ich, dass ich was ändern muss.

„Willste das wirklich machen?“, wiederholt Piet. Ich frage nur, ob er die Kamera hat. „Klar“, antwortet Piet und klappt die Kamera auf: „Mach mal winke, winke für deine Fans.“ Ich mache das Victory-Zeichen in die Kamera und sage: „Egal, was passiert, du stellst das auf YouTube.“

„Was soll 'n das heißen, Ben, egal, was passiert?“ Ich antworte nicht.

Die anderen unten haben jetzt kapiert, dass ich es ernst meine. Johnny ruft zu mir hoch: „Hey, Ben, wir brauchen dich! Du bist doch unser Maskottchen!“

Aber ich hab keinen Bock, immer bloß das Maskottchen zu sein. Jetzt balanciere ich auf den Hinterreifen, es ist ein geiles Gefühl, den Rolli so unter Kontrolle zu haben.

„Mach keinen Scheiß, hörst du?!“, brüllt Johnny.

Rainbow ist still und sieht aus, als würde sie sich am liebsten die Augen zuhalten.

„Chuck Norris hat bis unendlich gezählt. Zweimal!“, flüstere ich, stoße mich über die Kante und fliege.

(verändert)

Jackass: Fernsehsendung, in der die Darsteller zum Teil lebensgefährliche Mutproben machen.

Schülerband Seiten 132 – 137

Eine Kurzgeschichte untersuchen und die Ergebnisse aufschreiben

1. Wie heißt der Ich-Erzähler? ______________________

2. Ben, Piet, Rainbow und Johnny kommen in der Geschichte vor. Schreibe auf, was du über sie weißt:

Ben: Er ist ______________________

____

____

____

Piet: Er ist ______________________

____

Rainbow: Sie heißt eigentlich ______________________

____

Johnny: Er ist ______________________

____

3 Wo spielt die Geschichte? Was erfährst du über diesen Ort?
a) Unterstreiche eine Stelle dazu im Text.

b) Beschreibe den Ort: ______________________________

____

4 Was passiert in der Geschichte? Schreibe es auf.

Ben und seine Freunde treffen sich an ihrer Halfpipe. Ben sitzt

____

____

____

____

____

5 Wie siehst du die Beziehung der Figuren?
a) Kreuze an (du kannst auch mehrere Aussagen ankreuzen):
- ☐ Ben will kein Mitleid.
- ☐ Ben ist verliebt.
- ☐ Ben hat wirklich gute Freunde.

b) Begründe deine Entscheidung:

____

____

6 Was findest du an der Geschichte gut? Worüber kommst du ins Nachdenken?

____

____

Schülerband
Seiten 139–141

Figuren aus einem Jugendbuch beschreiben

1 Lies den Klappentext zum Jugendbuch „Herzsteine“:

Ein Jahr soll Sam weit weg von Hamburg und seinen Freunden auf der Insel Sylt zur Schule gehen! Auch Enna ist dort neu. Sam muss sich nur gegen die Anmache von Mädchen wehren, aber Enna wird von den Mitschülern ausgelacht. Ihre Mutter ist Heilerin und wird von den Inselbewohnern misstrauisch angeschaut. Aber Sam ist beeindruckt von Enna …

a) In welcher Situation befindet sich die Hauptfigur Sam?

b) Wer ist Enna? Was erfährst du über sie?

2 Lies einen Abschnitt aus dem Buch: In der neuen Klasse lernt Sam Enna kennen. Unterstreiche Stellen über Enna.

In der neuen Klasse

Sie heißt Enna. Und sitzt neben ihm. Seltsamer Name. Sam sitzt neben Enna, weil sie auch neu ist.
Seine Augen folgen Ennas kleiner Hand, die perfekte Buchstaben malt, während sie den Stundenplan abschreibt. Heimlich schaut er Enna an. Ihr Haar kräuselt sich in den Spitzen, ihre Nase hat einen Schwung nach oben, sie hat helle Augen.
Enna spricht nicht mit Sam. Vielleicht ist es ihr nicht wichtig, sich anzufreunden. Kein Wunder. Niemand hat sie begrüßt. Sam dagegen wurde nett begrüßt und ausgefragt. Kurz vor Schulschluss wartet Sam auf das Klingeln. Enna schreibt noch. Er denkt, dass sie extra langsam schreibt, damit sie bis zum Ende beschäftigt ist. Zwei Jungen sitzen am Tisch vor ihnen. Sie drehen sich plötzlich um und glotzen Enna an. Sie ignoriert es. Sam tut so, als ob er es nicht mitbekommt. Beim Klingeln packt er schnell seine Sachen und geht.

3 Was fällt Sam an Enna besonders auf? Schreibe es auf:

Enna ist anders. Mir fällt auf, dass sie

Die anderen in der Klasse verhalten sich gegenüber Enna

Ich finde Enna

4 Lies einen weiteren Abschnitt aus dem Buch.

a) Unterstreiche die Figuren (Personen), die vorkommen.

b) Unterstreiche Stellen, die du wichtig findest.

Die Wahl zur Klassensprecherin

Klassensprecherwahl. Die Liste mit Wahlvorschlägen ist fertig. Nadine schlägt Enna vor. Etwas später steht das Ergebnis fest …

Das Wahlergebnis steht an der Tafel. Dreizehn Stimmen für Nadine, die anderen für weitere Kandidaten und … eine für Enna! Und eine Stimmenthaltung. Das war Sam, der nicht wusste, wen er wählen sollte.
Für Enna eine Stimme? Irgendjemand mochte sie also doch?
Als ob nichts Ungewöhnliches passiert wäre, packt Enna ruhig ihre Sachen ein. Nadine nähert sich im Wiegeschritt. „Ich denke, es ist Zeit für eine Wahlanalyse“, ruft sie. Sofort wird es stiller.

„Mich würde interessieren, wie es kommt, dass Enna so gut abgeschnitten hat!" Enna steht auf. Ihre Wangen sind leicht gerötet. Sonst zeigt sie keine Reaktion. „Was meinst du, Enna, von wem könnte deine Stimme sein?" Nadine grinst und schlägt sich an die Stirn. „Ennas Mutter hat bestimmt ein Medium unter uns. Wer kann das sein?"
Ennas Hände ballen sich zu Fäusten. Sam glaubt nicht, was hier gerade passiert. Total krank ist das!
„Schade, Enna. Keiner da, der sich zu dir bekennen will." Ihre Stimme wird gemein. „Wahrscheinlich hast du dich selbst gewählt, damit die Wahl nicht ganz so peinlich für dich wird."
Das geht zu weit!
„Wenn du's genau wissen willst", sagt Sam locker, „ich habe Enna gewählt. Und jetzt lass' sie in Ruhe!"
Es wird still in der Klasse. Nadines Mund klappt zu. Damit hat sie nicht gerechnet. Und Sam auch nicht mit dem, was jetzt passiert.
Enna schaut Nadine ins Gesicht. „Tut mir leid für dich, Nadine", sagt sie. Laut genug jedoch, dass es alle hören können. „Scheinbar fängt dein Fanclub an zu bröckeln. Du kriegst nicht jeden, hinter dem du her bist!"
Nadine atmet heftig ein und aus. „Das war ein Fehler, Enna!", zischt sie. „Du wirst schon sehen, was du davon hast!"

(verändert)

❺ Untersuche den Textauszug. Bearbeite die Aufgaben in ganzen Sätzen.

a) Schreibe, wie die Wahl für Nadine ausging.

____

____

b) Schreibe, wie die Wahl für Enna ausging.

____

c) Sam enthält sich bei der Wahl. Erkläre, warum.

____

____

6 Beschreibe Nadine in der Situation: Wie verhält sie sich?
Ordne den Textstellen a–d die Antworten 1–4 zu:

Das steht im Text ...	So verstehe ich das ...
a. Nadine nähert sich im Wiegeschritt. (Z. 11)	1. Nadine ist total erstaunt.
b. Nadine grinst und schlägt sich an die Stirn. (Z. 19)	2. Nadine spielt Theater.
c. Ihre Stimme wird gemein. (Z. 27)	3. Nadine lacht Enna aus.
d. Nadines Mund klappt zu. (Z. 36)	4. Nadine wird aggressiv.

7 Beschreibe Enna in der Situation: Wie verhält sie sich?
Ordne den Textstellen a-d die Antworten 1–4 zu.

Das steht im Text ...	So verstehe ich das ...
a. Enna packt ruhig ihre Sachen ein. (Z. 10)	1. Enna schämt sich, sie muss Kraft sammeln.
b. Enna steht auf. Ihre Wangen sind leicht gerötet (Z. 16)	2. Sie lässt sich nicht aus der Ruhe bringen.
c. Ennas Hände ballen ich zu Fäusten (Z. 23)	3. Sie ist mutig, stellt sich der Gegnerin.
d. Enna schaut Nadine ins Gesicht (Z. 40)	4. Sie ärgert sich sehr.

8 a) Wen magst du lieber: Nadine oder Enna?

Ich mag ________ lieber, weil ________

____

____

b) Wie findest du das Verhalten von Sam?

Ich finde, Sam verhält sich ________, weil er

____

____

Schülerband
Seiten 154, 158–159

Einen ersten Zugang zum Gedicht finden

Wenn ich das Gedicht lese, sehe ich ...

1 Lies das Gedicht. Du musst nicht jedes Wort verstehen.
a) Welches Bild hast du vor Augen?
b) Schau dir die Zeichnung zum Gedicht an: Was fällt dir auf? Ergänze die Gedankenblasen.

Alfred Wolfenstein

Städter (1914)

Nah wie Löcher eines Siebes stehn
Fenster beieinander, drängend fassen
Häuser sich so dicht an, dass die Straßen
Grau geschwollen wie Gewürgte sehn.

Ineinander dicht hineingehakt
Sitzen in den Trams die zwei Fassaden
Leute, wo die Blicke eng ausladen
Und Begierde ineinander ragt.

Unsre Wände sind so dünn wie Haut,
Dass ein jeder teilnimmt, wenn ich weine,
Flüstern dringt hinüber wie Gegröle:

Und wie stumm in abgeschlossner Höhle
Unberührt und ungeschaut
Steht doch jeder fern und fühlt: alleine.

Die Häuser

Die Menschen

Die Frau in der Mitte

2 Lies das Gedicht noch einmal.
- Überlege, was in den einzelnen Strophen steht.
- Ergänze die Sätze zu den Strophen 1–4.

Strophe 1:	Die Häuser der Stadt stehen	man hört alles.
Strophe 2:	In der Straßenbahn sitzen	einsam.
Strophe 3:	Die Wände sind sehr dünn,	dicht beieinander.
Strophe 4:	In der Stadt ist jeder	die Menschen dicht zusammengedrängt.

3 Wie ist die Stimmung des Gedichts?
Verbinde die Wörter aus dem Gedicht (links) mit den Ideen und Bildern (rechts).

Diese Wörter im Gedicht …	lassen diese Ideen und Bilder in meinem Kopf entstehen
a. drängend (Z. 2)	1. allein, eingeschlossen sein, Dunkelheit
b. geschwollen (Z. 4)	2. traurig sein, Kummer haben
c. Gewürgte (Z. 4)	3. still, wortlos, schweigend
d. weinen (Z. 10)	4. Geschrei, Gebrüll
e. Gegröle (Z. 11)	5. krank, dicker als normal
f. stumm (Z. 12)	6. erstickt, gewürgt
g. abgeschlossne Höhle (Z. 12)	7. Geschubse, sich drängeln

4 Male ein eigenes Bild zum Gedicht.
Drücke aus, wie die Stadt auf dich wirkt und wie sich die Menschen in der Stadt fühlen.

Schülerband Seiten 162 – 163

Form und Sprache des Gedichts untersuchen

1 Untersuche die Form des Gedichts: Ergänze dazu den Text mit den folgenden Wörtern: 1 und 2, 3 und 4, drei, vier, Zeilen.

Das Gedicht besteht aus ______________ Strophen. Die Strophen 1 und 2 haben jeweils vier ______________, die Strophen 3 und 4 jeweils ______________ Zeilen. Das Reimschema in den Strophen ______________ ist abba cddc. In den Strophen ______________ ist das Reimschema efg gef.

***Vergleiche** (mit wie) veranschaulichen und verstärken die Aussage.*

2 Im Gedicht sind Vergleiche. Durch sie wirkt das Gedicht unangenehm und bedrückend. Ordne die Ausdrücke zu: Gegröle, Gewürgte, Haut, Löcher eines Siebs.

a. Fenster sind wie ______________________

b. Straßen sind wie ______________________

c. Wände sind so dünn wie ______________________

d. Flüstern hört sich an wie ______________________

*In **Personifizierungen** werden Dinge wie Menschen dargestellt. Dadurch entsteht eine Stimmung.*

3 a) Im Gedicht sind Personifizierungen. Finde die Personifizierungen in der ersten Strophe. Ergänze die Sätze:

a. ______________________ stehen wie Menschen beieinander.

b. ______________________ fassen sich wie Menschen an.

b) Welche Wirkung haben die Personifizierungen?
Kreuze ein Aussage an:

- ☐ Wir können die Stimmung in der Stadt gut nachempfinden.
- ☐ Die Stadt wird genau und wirklichkeitsgetreu beschrieben.

Ein Gedicht untersuchen und die Ergebnisse aufschreiben

Schülerband Seiten 164 – 169

1 Lies den folgenden Text über das Gedicht. Streiche an den blauen Stellen durch, was nicht stimmt oder nicht passt.

Einleitung

Das Gedicht hat den Titel „Stadt“/“Städter“ und wurde von Alfred Wolfenstein geschrieben. Es stammt aus dem Jahr 2014/1914. Thema des Gedichts ist das Leben in der Familie/in der Stadt.

Hauptteil

Das Gedicht besteht aus drei/vier/fünf Strophen. In der ersten Strophe wird die Stadt beschrieben: Fenster, Häuser und Straßen. Die Häuser stehen eng zusammen/vereinzelt am Straßenrand. Die Straßen sind bunt/grau/belebt. In der zweiten Strophe geht es um die Leute, die in der Stadt wohnen. Sie sitzen auf Bänken/in der Straßenbahn „Ineinander dicht hineingehakt“ (Z. 5), das heißt, dass die Leute ganz dicht zusammensitzen/sich liebevoll in den Arm nehmen. In der dritten Strophe wird deutlich, wie das lyrische Ich fühlt: Es ist glücklich/unglücklich. In der vierten Strophe wird deutlich formuliert, wie zufrieden/einsam die Menschen in der Stadt sind. Die Städter leben „wie stumm in abgeschlossner Höhle“ (Z. 12). Das heißt, dass die Menschen in der Stadt in Höhlen leben/nicht miteinander reden und ohne Kontakt sind. Die Stimmungen und Gefühle kann man an bestimmten Wörtern erkennen. Diese Wörter lassen uns an angenehme/unangenehme Dinge denken, z. B. „grau geschwollen“ (Z. 4), „weine“ (Z. 10). Im Gedicht kommen Vergleiche und Personifizierungen vor, z. B. Straßen erscheinen „wie Gewürgte“ (Z. 4), Fenster stehn „wie Löcher eines Siebs“ (Z. 1). Dadurch wird eine positive/negative Stimmung erzeugt, die Stadt im Gedicht wirkt grau und hässlich/eigentlich ganz gemütlich.

Schluss

Ich verstehe das Gedicht so: Das Gedicht stellt das Leben in der Großstadt als ganz normal/ein bisschen schwierig/sehr unangenehm dar. Die Menschen leben auf engen Raum zusammen, sie sind aber trotzdem oft entspannt/einsam.

Schülerband Seiten 185 – 187

Texte lesen und sich einen Überblick verschaffen

❶ Lies die beiden Texte **M1** und **M2**.

M1: ______________________________
(Überschrift)

Ⓐ Es ist die erste Woche für die Klasse 1a an einer Berliner Grundschule. Vor jedem Kind steht ein Schild, darauf stehen Namen wie Mehmet, Shakira oder Ameena. An der Schule werden insgesamt 570 Kinder unterrichtet. Sie kommen aus 42 verschiedenen Ländern. Viele von ihnen können kaum Deutsch.

Ⓑ Sollten Kinder, die kein oder kaum Deutsch sprechen, eingeschult werden? Bei einer Umfrage unter gut 2000 Bürgern stimmten die Hälfte der Aussage zu. Ein Drittel widersprach: Kinder sollten erst Deutsch lernen, bevor sie eingeschult werden. Auch Pädagogen sind sich nicht einig. Einige sind dafür, andere dagegen. Sie sehen eine schnelle Aufnahme der Kinder in eine normale Klasse als den besten Weg für sie, die Sprache zu lernen. Die Rektorin der Grundschule in Berlin spricht sich dafür aus, dass Kinder sprachlich besser für ihren Schulstart vorbereitet werden.

Ⓒ An der Schule gilt die Regel: Die Kinder sollen an der Schule nur Deutsch sprechen, im Unterricht und auch in den Pausen. Im Klassenraum der 1a wird sofort klar: Hier läuft vieles langsamer als in anderen ersten Klassen. Auch bei einfachen Übungen kommen manche Kinder nicht mit. Sie haben deutliche Schwierigkeiten, Wörter richtig auszusprechen. Das Lehrpersonal und andere Schüler versuchen zu helfen.

Ⓓ Fest steht: Viele dieser Kinder bräuchten zusätzlichen Unterricht in Deutsch. Am besten wäre es, wenn sie Deutsch schon im Kindergarten lernen würden. *(verändert)*

M2: ____
(Überschrift)

Ⓐ Viele Kinder und Jugendliche, die nach Deutschland kommen, sprechen kein Deutsch. Der Unterricht findet in einer für sie fremden Sprache statt. An ihre eigenen Sprachen wird kaum angeknüpft. Was die Jugendlichen alles können, z. B. persisch oder arabisch lesen und schreiben, wird nicht beachtet.

Ⓑ Könnte es anders sein? Ist die sprachliche Vielfalt nicht auch gut für den Einzelnen und für die Gesellschaft? Die „mitgebrachten" Sprachen können den Unterricht bereichern und den Kindern wechselseitig Vorteile bringen.

Ⓒ Ein Beispiel: In ihrer Vorbereitungsklasse unterrichtet die Lehrerin N. Jugendliche, die neu in Deutschland sind und 14 verschiedene Sprachen sprechen. Alle wollen Deutsch lernen. Frau N. nutzt die sprachliche Vielfalt ihrer Klasse. Sie macht kleine Gruppen mit einer gemeinsamen Verständigungssprache. Dabei können alle verfügbaren Sprachen genutzt werden, auch Deutsch. Sie sind aber nicht dazu verpflichtet, nur Deutsch zu sprechen. Als Hilfe gibt es viele Wörterbücher, Lexika und Smartphones, ein Smartboard und Internet in der Klasse. Der Effekt: Die Jugendlichen verstehen Unterschiede zwischen den Sprachen. Der Sprachvergleich ist eine Methode, um Grammatik zu lernen. Vor allem aber fühlen sich die Jugendlichen akzeptiert und in ihren Fähigkeiten und mit ihrem Vorwissen ernst genommen.

Ⓓ Mehrsprachigkeit ist auch für normale Klassen wichtig. Auch Kinder, die nur mit Deutsch aufwachsen, profitieren davon. Sie erhalten Einblicke in andere Sprachen und deren Aufbau.

(verändert)

2 Schreibe die Überschriften über die Texte:
- **Vom Nutzen der Mehrsprachigkeit**
- **Erst mal Deutsch lernen?**

3 Lies die Texte noch einmal gründlich.
Ordne die Überschriften den Abschnitten zu:

M1:
1. Einschulung mit wenig Deutsch: Ja oder nein? Abschnitt ____
2. Kinder an einer Berliner Grundschule Abschnitt ____
3. Zusätzlicher Unterricht in Deutsch ist nötig Abschnitt ____
4. So lernen die Kinder hier Abschnitt ____

M2:
1. Wie der Unterricht abläuft Abschnitt ____
2. Mehrsprachigkeit auch in normalen Schulen Abschnitt ____
3. Vorteile von vielen Sprache in einer Klasse Abschnitt ____
4. Muttersprachen spielen keine Rolle Abschnitt ____

4 Arbeite wichtige Informationen heraus:

anderen
Deutsch
Kinder
Klasse

Im Text **M1** geht es um ______________________, die in die 1. ________________ kommen. Einige meinen, dass sie erst ______________________ lernen müssen. Andere meinen, dass sie mit ________________ in der Schule Deutsch lernen.

Jugendliche
Sprachen
Vergleich
Vorbereitungs-klasse

Im Text **M2** geht es um ______________________, die in einer ______________________ Deutsch lernen. Alle ______________________ sind wichtig. Der ______________________ von Sprachen hilft allen.

wortstark 9
Förderheft

Name: ______________________

Lösungsteil

Seite 6: Sich vor dem Hören mit dem Thema vertraut machen

❶ Die Abbildung zeigt ein Mädchen und einen Jungen, die sich im Arm halten. Jeder guckt dabei auf sein Handy. Mir fällt auf, dass die beiden sich gar nicht ansehen. Das Bild soll zeigen, dass das Handy wichtiger ist als die gemeinsame Zeit.

Seite 7: Den Text einmal hören und das Wichtigste verstehen

❶ a. Es geht um Abhängigkeit vom Handy.
b. Laura, 9. Klasse, kann berichten, wie sie als Jugendliche mit dem Handy umgeht.
Tanja Felten, Medienpädagogin, kann als Forscherin erklären, was Handysucht ist und was dagegen zu tun ist.

❷ 1. Vorstellung der Gäste ... (a.)
2. Gespräch mit einer Schülerin (d.)
3. Gespräch mit einer Medienpädagogin (c.)
4. Bitte um Kommentare zum Podcast (b.)

❸ Tanja Felten

Seite 8: Wichtige Informationen und Meinungen heraushören

❶ richtig: a, c, d, f, g; falsch: b, e, h

❷ In diesen Sätzen äußert Laura eine Meinung:
- Manche haben echt krasse Bildschirmzeiten.
- Ich finde die Chatbeiträge meiner Mitschüler öde.

Seite 9: Mit dem Gehörten weiterarbeiten

❶ Es ist bedenklich, wenn jemand bei schlechter Laune nur die Idee hat, sein Handy zu nehmen.

❷ a) Diese Tipps gibt die Medienpädagogin: b, c und e.

Seite 10– 11: Aus Materialien für einen Schreibauftrag auswählen

❷ **Abläufe im Praktikum**
- Überblick über den Betrieb bekommen
- Mitarbeiter kennenlernen
- erst zuschauen, dann kleine Aufgaben übernehmen, später mehr
- kein „vollwertiger Mitarbeiter“
- Berufsorientierung steht im Vordergrund

Verhalten im Praktikum
- nachfragen, Interesse zeigen
- sich für Aufgaben anbieten, auch für unangenehme
- Arbeit ernst nehmen, zuverlässig sein
- freundlich und höflich sein

Seite 12–13: Den eigenen Text verfassen

❶ ☒ Dein Praktikum – was du vorher wissen musst

❷ 2. Diese Fragen möchte ich beantworten, damit du gut starten kannst.
1. Was kommt auf die zu? Wie kannst du das Praktikum gut nutzen? Worauf musst du achten?

❸ ☒ Meiner Meinung nach ist das Praktikum eine wichtige Sache, die du gut für dich nutzen solltest.

❹ Lösungsbeispiel:

Dein Praktikum – was du vorher wissen musst

Was kommt auf die zu? Wie kannst du das Praktikum gut nutzen? Worauf musst du achten? Diese Fragen möchte ich beantworten, damit du gut starten kannst.

So sind die Abläufe im Praktikum: Zuerst erhältst du einen Überblick über den Betrieb und lernst die Mitarbeiter kennen. Am Anfang schaust du zu und übernimmst dann kleine Aufgaben. Du bist aber kein „vollwertiger Mitarbeiter". Für dich ist die Berufsorientierung wichtig.

Dein Verhalten im Praktikum ist sehr wichtig. Hier ein paar Tipps: Frage nach und zeige Interesse. Biete dich auch für unangenehme Aufgaben an. Nimm deine Arbeit ernst und erledige sie zuverlässig. Sei freundlich und höflich.

Meiner Meinung nach ist das Praktikum eine wichtige Sache, die du gut für dich nutzen solltest.

Seite 14 – 15: Ein Bewerbungsanschreiben überarbeiten

❷ a) extrem ☒ anderes Wort: sehr
Begründung: ☒ Übertreibung

einzigartigen ☒ streichen
Begründung: ☒ Übertreibung

ewigen Zeiten ☒ anderes Wort: einigen Jahren
Begründung: ☒ Umgangssprache

gecheckt ☒ anderes Wort: gemerkt
Begründung: ☒ Umgangssprache

b) Büroarbeit ist nicht so mein Ding ☒ streichen
Begründung: ☒ Umgangssprache

herumschraube ☒ anderes Wort: kleinere Reparaturen vornehme
Begründung: ☒ Umgangssprache

irrsinnig ☒ streichen
Begründung: ☒ Übertreibung

massig ☒ streichen
Begründung: ☒ Übertreibung

echt ☒ anderes Wort: genau
Begründung: ☒ Umgangssprache

❸ a) Der Absatz passt gut an diese Stelle: ... dass die Arbeit mit Fahrrädern genau das Richtige für mich ist. 1)

b) Diese Sätze sind nicht so wichtig und können gestrichen werden:
In meiner Freizeit bin ich Mitglied im Fahrrad-Club. ~~Ich nehme regelmäßig an Ausfahrten teil.~~ Außerdem kümmere ich mich mit anderen Vereinsmitgliedern um die Homepage des Clubs. ~~Die Leidenschaft für Fahrräder habe ich übrigens von meinem Vater geerbt.~~

Seite 16– 17: Ein Bewerbungsanschreiben verfassen

❷ Lösungsbeispiel:

inklusive Kita	zwei Praktika im Kindergarten, etwas Sinnvolles tun
Schwerpunkt Bewegung	Wunsch an den Beruf: abwechslungsreiche Tätigkeit und Bewegung
Schwerpunkt Musik	spielt seit 7 Jahren Klavier
Kinder liegen dir am Herzen.	zwei Praktika im Kindergarten, Arbeit mit Menschen
Du bist zuverlässig und verantwortungsbewusst.	Stärken: zuverlässig, verantwortungsbewusst
Du arbeitest gern im Team.	Mitglied bei den Schulsanitätern Stärken: empathisch, aufgeschlossen

❸ Lösungsbeispiel:

Durch zwei Praktika im Kindergarten habe ich die Arbeit mit Kindern genau kennengelernt. Sie entspricht meinem Wunsch, im Beruf etwas Sinnvolles und Abwechslungsreiches zu tun. Ihre Schwerpunkte passen gut zu meinen Stärken und Interessen: Seit sieben Jahren spiele ich Klavier und ich liebe die Musik. Mir ist in meinem zukünftigen Beruf auch die Bewegung sehr wichtig. Mir liegen die Bedürfnisse der Kinder am Herzen. Meine Stärken helfen mir bei der Umsetzung. Ich bin zuverlässig, empathisch, verantwortungsbewusst und aufgeschlossen. Außerdem arbeite ich gern im Team und mache deshalb auch bei den Schulsanitätern mit.

Seite 18– 20: Bausteine in Stellungnahmen erkennen

❷ ☒ Das schreiben mit der Hand hat viele Vorteile und sollte deshalb geübt werden.

❸ (1) Warum Handschreiben für Cornelia Funke so wichtig ist
(2) Warum Handschreiben für viele schwer ist
(3) Warum Handschreiben schlau macht

❹ Richtig: b, d, e

❺ Katharina Kunert möchte ...
☒ b. über das Handschreiben informieren.
☒ c. dass mehr Menschen mit der Hand schreiben.

❻ Beide Stellungnahmen sind so aufgebaut:
– Bezug zum Text (rot)
– die eigene Meinung nennen (blau)
– die eigene Meinung begründen (grün)

❼ Saskia hat eine andere Meinung als Cornelia Funke. Sie begründet das mit eigenen Erfahrungen.
Ela stimmt Cornelia Funke teilweise zu und begründet das mit Erfahrungen von anderen.

Seite 21: Schriftlich Stellung nehmen

❶ Lösungsbeispiel:

Cornelia Funke schreibt ihre Bücher mit der Hand. Sie hat dabei immer richtig gute Ideen.
Ich bin der Meinung, dass das stimmt. Wenn ich zum Beispiel eine Geschichte schreiben soll, dann notiere ich sie erst mal mit der Hand. Dann fällt mit mehr ein als beim Schreiben am Computer.

Seite 22 – 24: Den Text einordnen und Informationen herausarbeiten

❷ ☒ a. Klima-Fußabdruck einer Urlaubsreise

❸ (1) Welche CO_2-Belastungen beim Reisen entstehen
(2) Ein Beispiel: Familienurlaub auf Mallorca

❹ ☒ b. Achtung: Reisen hat Auswirkungen auf unser Klima!

❺ Ein Fußabdruck bedeutet, dass man Spuren hinterlässt. Beim CO_2-Fußabdruck wird ausgerechnet, welche Folgen Dinge, die man tut, für das Klima haben. Man spricht deshalb auch vom Klima-Fußabdruck. Auch das Reisen trägt dazu bei.

❻ An- und Abreise zum Ziel (besonders bei Fernreisen mit dem Flugzeug), Freizeitaktivitäten vor Ort, Unterkunft und Verpflegung

❼ Der CO_2-Abdruck gilt ☒ für eine Person.
Der größte Anteil ist ☒ die An- und Abreise.
Die Unterkunft macht ☒ 148 kg CO_2 aus.

❽ Familie Gussner verbraucht für ihren Urlaub pro Person ca. 1.200 kg CO_2. Den größten Anteil macht die An- und Abreise aus.Besonders das Fliegen ist sehr klimaschädlich. Viel CO_2 wird auch durch die Unterkunft und die Verpflegung verbraucht. Weil Familie Gussner viel unternimmt, sind als viertes noch die Aktivitäten vor Ort zu nennen. Jeder aus der Familie verbraucht in zwei Wochen Urlaub mehr CO_2, als Experten für das ganze Jahr empfehlen.

Seite 25: Gründe, Ursachen und Folgen herausarbeiten

❶ Lösungsbeispiele:
a. Weil das Fliegen mit dem Flugzeug am meisten CO_2 erzeugt, verursacht es den größten Anteil an klimaschädlichen Gasen.
b. Ich verstehe die Aktivitäten der Familie nicht so ganz. Sie machen doch Urlaub an einem schönen Ort und unternehmen trotzdem noch so viele Fahrten zu anderen Stränden.
c. Statt ein Auto auf der Insel zu mieten, könnte Familie Gussner mit dem Bus fahren oder mehr in Alcúdia bleiben und dort an den Strand gehen.
Statt mit dem Flugzeug in den Urlaub zu fliegen, könnte Familie Gussner zum Beispiel in Deutschland Urlaub machen und mit Bus oder Bahn an- und abreisen.

Seite 26 – 27: Eine Kurzgeschichte lesen und das Wichtigste festhalten

❶ Lösungsbeispiele:
- Eine geniale Idee
- Ein gefährliches Abenteuer
- Auf den Spuren von Chuck Norris
- Wir nennen es fliegen

Der Originaltitel lautet: Chuck Norris und all seine Freunde.

❷ Lösungsbeispiele:
- Ich finde die Geschichte traurig, weil Ben viele Dinge nicht machen kann, weil er im Rollstuhl sitzt.
- Ich finde die Geschichte lustig, weil Ben sie so witzig erzählt.
- Ich finde die Geschichte spannend, weil man beim Lesen nicht weiß, wie die Sache ausgeht.
- Ich finde die Geschichte zum Nachdenken, weil ich mich gefragt habe, was in Ben vorgeht.

Seite 28 – 29: Eine Kurzgeschichte untersuchen und die Ergebnisse aufschreiben

❶ Ben

❷ Lösungsbeispiele:
Ben: Er ist körperbehindert und sitzt im Rollstuhl. Er will deshalb aber kein Mitleid oder nur das Maskottchen der Gruppe sein. Er will beweisen, dass er genausoviel wie die anderen kann.
Piet: Er ist der beste Freund von Ben.
Rainbow: Sie heißt eigentlich anders, aber Ben nennt sie so, weil sie bunte Haare hat und weil er sie bewundert. Sie ist in Johnny verliebt.
Johnny: Er kann sehr gut skaten, Ben bewundert ihn.

❸ b) Lösungsbeispiel:
Die Gruppe nennt den Ort „die Prärie", weil es dort bis auf die Halfpipe eigentlich nichts Besonderes gibt, nur alte Bahnschienen, Glasscherben und hohes Gras.

❹ Lösungsbeispiel:
Ben und seine Gruppe treffen sich an ihrer Halfpipe. Ben sitzt im Rollstuhl und kann beim Skaten nicht mitmachen. Er ist nur das „Maskottchen" der Gruppe. Aber das will Ben ändern. Er nimmt sich vor, mit seinem Rolli die Halfpipe runterzujagen. Er möchte sich selbst beweisen, aber vor allem Rainbow zeigen, dass er kein Mitleid braucht und das Unmögliche auch mit dem Rollstuhl schaffen kann – wie Chuck Norris.
Mit Hilfe seines besten Freundes Piet schafft Ben es, auf die Rampe zu kommen. Die anderen haben begriffen, was Ben vorhat, und sind nervös und besorgt. Aber Ben riskiert es, stößt sich ab über die Kante und „fliegt" ...

❺ a) Du kannst ein oder mehrere Aussagen ankreuzen. Wichtig ist, dass du deine Entscheidung begründest.
b) Lösungsbeispeiele:
- Ben will kein Mitleid, er will kein Maskottchen sein, sondern genau wie seine Freunde Dinge ausprobieren und sich beweisen.
- Ben ist verliebt, denn so wie er Rainbow beschreibt, ist es klar, dass er sie sehr mag.
- Ben hat wirklich gute Freunde. Sein bester Freund Piet hilft ihm auf die Halfpipe hinauf, obwohl er die Idee nicht so gut findet. Auch die anderen in der Gruppe sind wirklich besorgt.

Seite 30 – 33: Figuren aus einem Jugendbuch beschreiben

❶ a) Sam muss aus Hamburg wegziehen und auf eine Schule auf der Insel Sylt gehen.
b) Enna ist eine Mitschülerin, die auch neu in der Klasse ist. Die Klasse macht sich über Enna lustig, weil ihre Mutter eine Heilerin ist.

❷ Diese Textstellen kannst du unterstreichen:
- weil sie auch neu ist (Z. 3)
- kleiner Hand, die perfekte Buchstaben malt (Z. 4–5)
- Ihr Haar kräuselt sich in den Spitzen, ihre Nase hat einen Schwung nach oben, sie hat helle Augen (Z. 7–10)
- Enna spricht nicht mit Sam. Vielleicht ist es ihr nicht wichtig, sich anzufreunden. Kein Wunder. Niemand hat sie begrüßt. (Z. 11–13)
- extra langsam schreibt, damit sie bis zum Ende beschäftigt ist (Z. 17–19)
- glotzen Enna an. Sie ignoriert es (Z. 21–22)

❸ Lösungsbeispiel:
Enna ist anders. Mir fällt auf, dass sie nicht mit mir spricht. Vielleicht will sie sich nicht anfreunden.
Die anderen in der Klasse verhalten sich gegenüber Enna abweisend. Niemand hat sie begrüßt, sie starren sie nur an.
Ich finde Enna interessant, weil sie sich nicht aus der Ruhe bringen lässt.

❹ a) Enna, Nadine, Sam

❺ Lösungsbeispiele:
a) Nadine hat zwölf Stimmen bekommen.
b) Enna hat eine Stimme bekommen.
c) Sam ist neu in der Klasse. Er weiß nicht, wen er wählen soll.

❻ a zu 2, b zu 3, c zu 4, d zu 1

❼ a zu 2, b zu 1, c zu 4, d zu 3

❽ Lösungsbeispiele:
a) Ich mag Enna lieber, weil sie mutig ist und sich von Nadine und den anderen nicht einschüchtern lässt.
b) Ich finde, Sam verhält sich richtig, weil er für Enna Partei ergreift, als sie von Nadine und den anderen gemobbt wird.

Seite 34 – 37: Einen ersten Zugang zum Gedicht finden

❶ Lösungsbeispiele:
a) Wenn ich das Gedicht lese, habe ich folgendes Bild vor Augen: eine Straße mit hohen Häusern, viele Fenster, Leute in der Straßenbahn, Gedränge, alles Grau in Grau.
b) Die Häuser sind hoch, haben viele kleine Fenster, stehen eng zusammen, wie ineinander verkeilt. Die Menschen wirken wie eingesperrt hinter ihren Fenstern; auf der Straße gehen sie aneinander vorbei, ohne Kontakt aufzunehmen.
Die Frau in der Mitte fühlt sich bestimmt allein, unglücklich, einsam, verloren.

❷ Strophe 1: Die Häuser der Stadt stehen dicht beieinander.
Strophe 2: In der Straßenbahn sitzen die Menschen dicht zusammengedrängt.
Strophe 3: Die Wände sind sehr dünn, man hört alles.
Strophe 4: In der Stadt ist jeder einsam.

❸ a passt zu 7
b passt zu 5
c passt zu 6
d passt zu 2
e passt zu 4
f passt zu 3
g passt zu 1

Seite 36: Form und Sprache des Gedichts untersuchen

❶ Das Gedicht besteht aus vier Strophen. Die Strophen 1 und 2 haben jeweils vier Zeilen, die Strophen 3 und 4 jeweils drei Zeilen. Das Reimschema in den Strophen 1 und 2 ist abba cddc. In den Strophen 3 und 4 ist das Reimschema efg gef.

❷ a. Fenster sind wie Löcher eines Siebs.
b. Straßen sind wie Gewürgte.
c. Wände sind so dünn wie Haut.
d. Flüstern hört sich an wie Gegröle.

❸ a) a. Fenster stehen wie Menschen beieinander.
b. Häuser fassen sich wie Menschen an.
b) Wir können die Stimmung in der Stadt gut nachempfinden.

Seite 37: Ein Gedicht untersuchen und die Ergebnisse aufschreiben

❶ Das Gedicht hat den Titel ~~„Stadt“~~/„Städter“ und wurde von Alfred Wolfenstein geschrieben. Es stammt aus dem Jahr ~~2014~~/1914. Thema des Gedichts ist das Leben ~~in der Familie~~/in der Stadt.
Das Gedicht besteht aus ~~drei~~/vier/~~fünf~~ Strophen.
In der ersten Strophe wird die Stadt beschrieben: Fenster, Häuser und Straßen. Die Häuser stehen eng zusammen/~~vereinzelt am Straßenrand~~. Die Straßen sind ~~bunt~~/grau/~~belebt~~.
In der zweiten Strophe geht es um die Leute, die in der Stadt wohnen. Sie sitzen ~~auf Bänken~~/in der Straßenbahn „Ineinander dicht hineingehakt“ (Z. 5), das heißt, dass die Leute ganz dicht zusammensitzen/~~sich liebevoll in den Arm nehmen~~.
In der dritten Strophe wird deutlich, wie das lyrische Ich fühlt: Es ist ~~glücklich~~/unglücklich.
In der vierten Strophe wird deutlich formuliert, wie ~~zufrieden~~/einsam die Menschen in der Stadt sind. Die Städter leben „wie stumm in abgeschlossner Höhle“ (Z. 12). Das heißt, dass die Menschen in der Stadt ~~in Höhlen leben~~/nicht miteinander reden und ohne Kontakt sind.
Die Stimmungen und Gefühle kann man an bestimmten Wörtern erkennen. Diese Wörter lassen uns an ~~angenehme~~/unangenehme Dinge denken, z. B. „grau geschwollen“ (Z. 4), „weine“ (Z. 10). Im Gedicht kommen Vergleiche und Personifizierungen vor, z. B. Straßen erscheinen „wie Gewürgte“ (Z. 4). Fenster stehn „wie Löcher eines Siebs“ (Z. 1). Dadurch wird eine ~~positive~~/negative Stimmung erzeugt, die Stadt im Gedicht wirkt grau und hässlich/~~eigentlich ganz gemütlich~~.
Ich verstehe das Gedicht so: Das Gedicht stellt das Leben in der Großstadt als ~~ganz normal~~/~~ein bisschen schwierig~~/sehr unangenehm dar. Die Menschen leben auf engen Raum zusammen, sie sind aber trotzdem oft ~~entspannt~~/einsam.

Seite 38 – 40: Texte lesen und sich einen Überblick verschaffen

❷ M1: Erst mal Deutsch lernen?
M2: Vom Nutzen der Mehrsprachigkeit

❸ M1: 1. Abschnitt B
2. Abschnitt A
3. Abschnitt D
4. Abschnitt C

M2: 1. Abschnitt C
2. Abschnitt D
3. Abschnitt B
4. Abschnitt A

❹ Im Text **M1** geht es um Kinder, die in die 1. Klasse kommen. Einige meinen, dass sie erst Deutsch lernen müssen. Andere meinen, dass sie mit anderen in der Schule Deutsch lernen.

Im Text **M2** geht es um Jugendliche, die in einer Vorbereitungsklasse Deutsch lernen. Alle Sprachen sind wichtig. Der Vergleich von Sprachen hilft allen.

Seite 41: Gemeinsamkeiten und Unterschiede feststellen

❶ In beiden Texten geht es um Schüler, die noch nicht oder kaum Deutsch sprechen können.

❷ a) In **M1** geht es um Kinder, die gerade erst zur Schule kommen. Sie werden gemeinsam mit allen anderen Kindern unterrichtet. Darüber gibt es verschiedene Meinungen. Einige finden, sie sollen vor der Schule Deutsch lernen. Andere meinen, dass sie in der Schule von den anderen Kindern gut lernen können.

b) In dem Text **M2** geht es um Jugendliche, die in einer Vorbereitungsklasse Deutsch lernen. Ihre eigenen Sprachen sind wichtig dabei. In den Gruppen gibt es eine Verständigungssprache für die gemeinsame Arbeit. Wörterbücher, aber auch Smartphones sind eine Hilfe.

Seite 42 – 43: Medientexte lesen und einordnen

❶ In beiden Texten geht es um die Stadt Istanbul.

❸ a, c und e passen auf M1.
b, d und f passen auf M2.

❹ **M1** ist ein Artikel aus einem Lexikon. Er ist in einer sachlichen Sprache geschrieben und enthält viele Informationen, zum Beispiel zur Geschichte der Stadt Istanbul.

Text **M2** ist aus einem Reiseführer. Er möchte neugierig auf die Stadt machen. Er beschreibt persönliche Eindrücke und benutzt auch Wertungen wie „die Schöne“ oder die Stadt ist „cool“.

Seite 44 – 45: Medientexte vergleichen

❶ Der Text **M1**
- enthält Namen, Fakten und Zahlen.
- enthält viele Sachinformationen.
- enthält Informationen über die Geografie der Stadt.
- informiert über die Geschichte.

Der Text **M2**
- beschreibt persönliche Eindrücke.
- enthält Wertungen.
- schildert die Stadt, als ob man dabei wäre.
- beschreibt auch Personen und was sie machen.
- informiert über die Geschichte.
- schreibt über die Stadt, als ob sie eine Person wäre.

❷ Sachliche Informationen Text **M1**:
- Istanbul ist die größte Stadt der Türkei.
- Hier leben fast 16 Millionen Menschen.
- Der Bosporus verbindet das Schwarze Meer im Norden und das Marmara-Meer im Süden
- ...

❸ Persönliche Eindrücke in Text **M2**:
- Morgens ist der zentrale Platz richtig idyllisch.
- Am Bosporus schaukeln kleine Boote, das Wasser ist sehr klar, an manchen Tagen sieht man Delfine.
- Rifat wechselt mit jedem, den er kennt, ein paar Worte.
- ...

❹ Wertungen in Text **M2**:
- Die Stadt gilt als cool.
- Istanbul strahlt und die Stadt lässt es krachen.
- Anstrengend ist sie, die Schöne am Bosporus.
- ...

Seite 46 – 47: Wortarten bestimmen

1

Wortart	Merkmal	Beispiel
Artikel	Begleiter	der, ein
Verb	Was geschieht?	laufen
Nomen	Namenwort	Buch
Adjektiv	Wie ist etwas?	schön
Pronomen	steht für das Namenwort	ich, sie
Präposition	Verhältniswort	in, auf
Konjunktion	verbindet Sätze	und, weil
Adverb	gibt Informationen über Ort, Zeit oder Umstände	sehr, dort
Interjektion	Ausruf	oh, aua

2 Artikel: der, eine
Verb: spielen, klicken
Nomen: Laptop, Maus
Adjektiv: groß, langsam
Pronomen: er, sie
Präposition: unter, auf
Konjunktion: weil, damit
Adverb: jetzt, dort
Interjektion: aha, hurra

3 Du nutzt medien, wenn du den fernseher einschaltest oder wenn du im internet surfst oder chattest. Medien verbreiten die neuesten informationen und nachrichten. Spannende bücher, interessante filme, ein aktueller podcast – medien bestimmen unseren alltag. Neue medien übermitteln informationen in digitaler form. Jugendliche nutzen digitale medien öfter als erwachsene. Fast alle jugendlichen sind online und das am liebsten mobil. Längst sind handys die digitale plattform für das kommunizieren und informieren, auf ihnen lassen sich auch traditionelle medien auf neue art nutzen.

4 a) Medien, Fernseher, Internet, Medien, Informationen, Nachrichten, Bücher, Filme, Podcast, Medien, Alltag, Medien, Informationen, Form, Jugendliche, Medien, Erwachsene, Jugendlichen, Handys, Plattform, (das) Kommunizieren, (das) Informieren, Medien, Art

b) Adjektive: neu, spannend, interessant, aktuell, digital, online, lieb, traditionell
Verben: nutzen, einschalten, surfen, chatten, verbreiten, bestimmen, übermitteln, sein, lassen

Seite 48– 49: Satzglieder finden, Sätze bilden

1 Der Chef zeigte mir nach einem kurzen Gespräch die Backstube.

2 a) (Der Chef) (zeigte) (mir) (nach einem kurzen Gespräch) (die Backstube).
b) Der Satz hat fünf Satzglieder.
c) Das Prädikat steht an der zweiten Stelle.

3 a. (Seit einer Woche) (macht) (Arber) (ein Praktikum) (in einer Bäckerei).
Oder: (Seit einer Woche) (macht) (Arber) (in einer Bäckerei) (ein Praktikum).

b. (Die ersten drei Tage) (half) (er) (den Kollegen) (in der Backstube).

c. (Seite heute) (arbeitet) (Arber) (in der Filiale am Bahnhof).

d. (Seine freundlichen Kollegen) (informieren) (ihn) (über die Arbeitsabläufe).

e. (Arber) (bedient) (an der Theke) (von acht bis 16 Uhr) (die Kunden).
Oder: (Arber) (bedient) (an der Theke) (die Kunden) (von acht bis 16 Uhr).

Oder: (Arber) (bedient) (die Kunden) (an der Theke) (von acht bis 16 Uhr).
Oder: (Arber) (bedient) (die Kunden) (von acht bis 16 Uhr) (an der Theke).
Oder: (Arber) (bedient) (von acht bis 16 Uhr) (die Kunden) (an der Theke).
Oder: (Arber) (bedient) (von acht bis 16 Uhr) (an der Theke) (die Kunden).

f. (Nach der Schule) (möchte) (Arber) (gern) (eine Lehre) (in der Bäckerei) (machen).
Oder: (Nach der Schule) (möchte) (Arber) (gern) (in der Bäckerei) (eine Lehre) (machen).

4 a. macht, b. half, c. arbeitet, d. informieren, e. bedient, f. möchte machen

Seite 50: Umstellprobe: Wichtiges an den Satzanfang stellen

1 Lösungsbeispiele:

(Im Herbst) (verbringen) (Urlauber) (ihre Ferien) (auf einem Bauernhof).

(Ihre Ferien) (verbringen) (Urlauber) (im Herbst) (auf einem Bauernhof).

(Auf einem Bauernhof) (verbringen) (Urlauber) (im Herbst) (ihre Ferien).

(Urlauber) (verbringen) (im Herbst) (ihre Ferien) (auf einem Bauernhof).

2 a. Auf dem Bauernhof arbeiten die Urlauber als Helfer.
b. Sechs Stunden beträgt die Arbeitszeit.
c. Auf den Feldern gibt es immer viel zu tun.

Seite 51: Die Bedeutung von Fachwörtern bestimmen

1 ... Bei der dualen Ausbildung findet der praktische Teil im Betrieb statt. Der theoretische Teil findet in der Berufsschule statt. Die Person, die sich in der dualen Ausbildung befindet, wird als Auszubildende oder Auszubildender bezeichnet.

2 Lösungsbeispiel:

Bei dem dualen System findet die Ausbildung in der Berufsschule und im Betrieb statt. In der Berufsschule wird der theoretische Teil absolviert. Im Betrieb findet die praktische Ausbildung statt.

Seite 52–53: Zeitformen in Texten gebrauchen

1 a) Pünktlich um 7 Uhr morgens kam ich auf der Feuerwehrwache an. Dort sah ich zuerst bei der Dienstübernahme zu. Dabei versammeln sich alle Feuerwehrleute und werden in ihre Aufgaben eingewiesen. Ich stand im Mittelpunkt, da dieser Beruf ein typischer Männerberuf ist. Ich lernte die Kollegen und die Feuerwehr kennen und mir wurden die Fahrzeuge mit der Ausrüstung gezeigt. Es ist unglaublich, wie viel Kram in so einen Wagen passt. Alles hat seine Ordnung, die auch immer eingehalten wird. Für jedes Gebiet gibt es verschiedene Sachen, damit die Feuerwehr auch bei jedem Problem helfen kann.

b) ankommen - kam an
zusehen - sah zu
sich versammeln - versammeln sich
einweisen - werden eingewiesen,
stehen - stand
sein - ist
kennenlernen - lernte kennen
zeigen - wurden gezeigt
passen - passt
haben - hat
einhalten - eingehalten wird
geben - gibt
helfen - helfen
können - kann

c) a. Wenn Anne davon berichtet, was sie im Praktikum erlebt hat, wählt sie das Präteritum.
b. Wenn Anne darüber berichtet, was bei der Feuerwehr immer wieder passiert, wählt sie das Präsens.

2 a. Zuerst fand die Dienstbesprechung statt.
b. Danach versammelten sich die Männer am Frühstückstisch.
c. Dann gingen wir alle raus aufs Feuerwehrgelände und ich durfte mit anpacken.
d. Anschließend lernte ich das Löschfahrzeug kennen.
e. Interessant war der Wasserlüfter.
f. Das ist ein riesiger Ventilator, der Wind macht, um Rauch wegzublasen.
g. Es gibt/gab eine Sache, die mir an diesem Morgen klar geworden ist:
h. Feuerwehrleute müssen viel mehr leisten, als nur Feuer löschen.
i. Viel öfter retten sie Menschen bei Unfällen oder helfen verletzten Tieren.

Seiten 54 – 55: Aktiv und Passiv gebrauchen

1 Beim Mobbing-Fällen in der Schule werden oft Lügen oder Gerüchte verbreitet. Manchmal werden Unterrichtsmaterialien versteckt oder vernichtet. Das Mobbing-Opfer wird erpresst, geschlagen oder ausgegrenzt. Es wird gehänselt und lächerlich gemacht. Dazu werden auch die sozialen Medien genutzt. Opfer von Mobbing müssen unterstützt werden!

2

Grundform	Passivform
verbreiten	werden verbreitet
verstecken	werden versteckt
vernichten	werden vernichtet
erpessen	wird erpresst
schlagen	wird geschlagen
ausgrenzen	wird ausgegrenzt
hänseln	wird gehänselt
machen	wird gemacht
nutzen	werden genutzt
unterstützen	werden unterstützt

3 Lösungsbeispiel:
a. Leo wird von den anderen Schülern immer ausgelacht.
b. Tinas Sachen werden oft von jemandem aus ihrer Klasse versteckt.
c. Mia wird öfters von einer Mitschülerin gehänselt.
d. Bösartige Gerüchte werden von einigen Mitschülern über Oskar verbreitet.
e. Noah wird von den Gesprächen seiner Mitschüler ausgeschlossen.
f. Blöde Bemerkungen werden immer von einer Mitschülerin über Limas Kleidung gemacht.

Seite 56: Die Meinung anderer in indirekter Rede wiedergeben

❶ a) Sprechblase:
Medienscouts beschäftigen sich mit allem rund ums Internet. Vor allem geht es um Social Media. Weitere Themen sind Computerspiele und Cyber-Mobbing.

Schülerzeitung:
Jonas erklärt, er als Medienscout beschäftige sich mit allem rund ums Internet. Vor allem gehe es um Social Media. Weitere Themen seien Computerspiele und Cyber-Mobbing.

b) In der Sprechblase steht, was Jonas wörtlich gesagt hat:
„Medienscouts beschäftigen sich mit allem rund ums Internet."
Das nennt man
☒ direkte Rede
☐ indirekte Rede.
In der Schülerzeitung wird berichtet, was Jonas gesagt hat:
Jonas erklärt, er als Medienscout beschäftige sich mit allem rund ums Internet.
Das nennt man
☐ direkte Rede
☒ indirekte Rede.
Die Verben stehen dann oft im
☐ Indikativ
☒ Konjunktiv.

❷ Maja erklärt: Bei Mobbing gehe es häufig um Fotos: Ein privates Foto werde einfach weitergeschickt. Am Ende habe jeder das Foto. Manchmal schalte die Schule dann sogar die Polizei ein.

Seite 57: Hauptsätze und Nebensätze unterscheiden

❶ a. Alyssa nimmt ihr Handy (Hauptsatz), sie chattet mit ihrer Freundin (Hauptsatz).
b. Alyssa nimmt ihr Handy (Hauptsatz), weil sie mit ihrer Freundin chatten will (Nebensatz).

❷ a. Tom hört Musik (HS) und Lea chattet mit ihrer Freundin (HS).
b. Cindy hört Musik (HS), wenn sie entspannen will (NS).
c. Paul hat sein Handy immer dabei (HS), damit er erreichbar ist (NS).
d. Obwohl es ihn nervös macht (NS), schaut er die ganze Zeit auf sein Handy (HS).
e. Lukas spart sein Taschengeld (HS), er braucht ein neues Handy (HS).
f. Handys sind sehr verbreitet (HS), fast jeder in unserer Klasse hat ein Handy (HS).
g. Ich höre Musik mit dem Handy (HS), wenn ich mit dem Bus fahre (NS).

Seite 58: Sätze mit Konjunktionen verbinden

❶ a. Bald müssen wir ein Schulpraktikum machen, damit/~~wenn~~ wir herausfinden, welcher Beruf uns gefällt.
b. Viele brechen eine Ausbildung ab, ~~obwohl~~/weil sie falsche Erwartungen haben.
c. Welcher Beruf passt zu mir? Das kann ich nur in der Praxis klären, ~~sodass~~/indem ich verschiedene Bereiche austeste.
d. Ich würde gern mit Kindern arbeiten, obwohl/~~damit~~ ich wenig Erfahrung habe.
e. Eine Vorstellung vom Beruf bekomme ich erst, wenn/~~als~~ ich ihn in der Praxis kennenlerne.

❷ a. Mein Praktikum im Kindergarten war ein tolles Erlebnis, weil ich die vielfältigen Aufgaben eines Erziehers kennengelernt habe.
b. Mit Kindern zu arbeiten ist leichter, wenn du jüngere Geschwister hast.
c. Ich habe es geschafft, die Kinder zu begleiten, obwohl ich keine Erfahrung hatte.
d. Ich mache mein Praktikum im Kindergarten, weil ich gern mit Kindern arbeite.
e. Die Kinder stellen viele Fragen, wenn wir spielen.

Seite 60: Mit Relativsätzen Zusatzinformationen geben

❶ a. Das Wahrzeichen von Paris ist der Eiffelturm, der 1889 fertiggestellt wurde.
b. Die New Yorker Freiheitsstatue, die ungefähr 46 Meter hoch ist, gehört zu den höchsten Statuen der Welt.

❷ a - 4, b - 3, c - 1, d - 2, e - 8, f - 5, g - 6, h - 7

❸ a. Die Porta Nigra ist ein römisches Stadttor, das 180 n.Chr. aus Sandstein gebaut wurde.
b. Der König empfängt Gäste im Buckingham Palace, der 775 Räume hat.
c. In Ägypten gibt es mehr als 100 Pyramiden, in denen sich meist eine Grabkammer befindet.
d. Viele Touristen besuchen in Paris den Louvre, in dem viele berühmte Gemälde zu sehen sind.
e. Ein weltbekanntes Bauwerke ist die Akropolis, die oberhalb von Athen liegt.
f. Viele Urlauber besuchen die Chinesische Mauer, die 21.000 Kilometer lang ist.
g. Ein bekanntes Urlaubsziel in Italien ist der schiefe Turm von Pisa, der aus weißem Marmor besteht.
h. In Sydney besucht man das Opernhaus, in dem jährlich 2500 Veranstaltungen stattfinden.

Seite 61: Kommasetzung bei Aufzählungen

❶ a) Sie verknüpft beim Sprechen die Aufzählungen mit und.
b) Kein Unterricht, keine Lehrer, keine Bücher und viel freie Zeit – das klingt nach Ferien.

❷ a. Tim und Leon bleiben in den Ferien zu Hause und überlegen: „Wollen wir ins Schwimmbad gehen, Radfahren, am Computer spielen oder einfach nur rumhängen?“
b. Die einen fahren in den Urlaub, andere chillen einfach nur oder hängen mit ihren Freunden ab.

Seite 62–63: Kommasetzung bei Nebensätzen

❶ a. Viele Jugendliche suchen sich einen Ferienjob, weil sie etwas dazuverdienen wollen.
b. Ferienjobs im Ausland machen den Jugendlichen oft sehr viel Spaß.
c. Ein interessanter Ferienjob ist auf jeden Fall besser als Langeweile.
d. Acht Stunden am Tag darf man nur arbeiten, wenn man mindestens 15 Jahre ist.
e. Abends ist man total erschöpft, da die meisten Jobs sehr anstrengend sind.

❷ a. Ein Ferienjob kann für die Ausbildung nützlich sein, wenn man Berufserfahrung sammeln möchte.
b. Viele entscheiden sich für einen Ferienjob, obwohl er manchmal schlecht bezahlt wird.
c. Eigentlich braucht man aber richtige Ferien, damit man sich erholen kann.

❸ Manche Jugendliche braten lieber im Restaurant Burger, während andere in den Ferien am Strand liegen. Ferienjobs sind sehr beliebt bei Jugendlichen, weil sie Geld bringen. Man sollte sich aber informieren, bevor man einen Ferienjob annimmt. Man darf beispielsweise nur dann acht Stunden am Tag arbeiten, wenn man 15 Jahre alt ist. Die Suche nach einem Ferienjob ist gar nicht so leicht, da die Nachfrage groß ist. Wenn man im Internet recherchiert, findet man leicht eine Anzeige. Wenn man Glück hat, kann man Ferien und Geldverdienen verbinden. Auf jeden Fall kann man die freie Zeit nutzen und neue Erfahrungen machen.

Seite 64 – 69: Regelhafte und abweichende Schreibungen erkennen

❶ Blauer Zettel:
- a. Es passt nicht: *die Schriften*: als einziges Wort kein Silbengelenk: *die Schriften*.
- b. Es passt nicht: *wir hetzen*: als einziges Wort mit Silbengelenk: *wir hetzen*.
- c. Es passt nicht: *die Bank*: als einziges Wort kein Silbengelenk: *die Bänke*.
- d. Es passt nicht: *es sinkt*: als einziges Wort kein Silbengelenk: *wir sinken*.

Gelber Zettel:
- a. Es passt nicht: *der Rahmen*: als einziges Wort mit Dehnungs-h: *der Rahmen*.
- b. Es passt nicht: *wir drehen*: als einziges Wort mit silbentrennendem h: *wir drehen*.
- c. Es passt nicht: *er prahlt*: als einziges Wort mit Dehnungs-h: *wir prahlen*.
- d. Es passt nicht: *die Wahrheit*: als einziges Wort mit Dehnungs-h: *die Wahr|heit – wahr – wahre (Meinung)*.

Grauer Zettel:
- a. Es passt nicht: *die Grüße*: als einziges Wort nach offener Silbe ein stimmloses s: *die Grüße*.
- b. Es passt nicht: *sie beißen*: als einziges Wort nach offener Silbe ein stimmloses s: *wir beißen*.
- c. Es passt nicht: *der Bass*: als einziges Wort mit ss: *der Bass – viele Bässe*, weil: Silbengelenk.
- d. Es passt nicht: *er fraß*: als einziges Wort nach offener Silbe ein stimmloses s: *er fraß – wir fraßen*.

Grüner Zettel:
- a. Es passt nicht: *flink*: als einziges Wort geschrieben wie gesprochen: *flink – ein flinker (Vogel)*, in allen anderen Wörtern hört man b, d oder g in der verlängerten Form.
- b. Es passt nicht: *es blinkt*: als einziges Wort geschrieben wie gesprochen: *es blinkt – wir blinken*, in allen anderen Wörtern hört man b, d oder g in der verlängerten Form.
- c. Es passt nicht: *der Buntstift*: *bunt* in *Buntschrift* geschrieben wie gesprochen: *ein bunter (Stift)*, in allen anderen Wörtern hört man b, d oder g in der verlängerten Form in dem zuvor abgetrennten Wortbaustein.

– d. Es passt nicht: *er siebt*: als einziges Wort anders geschrieben als gesprochen: *er siebt – wir sieben.*

Roter Zettel:
– a. Es passt nicht: *der Essig*: als einziges Wort mit e: in der Wortfamilie kein Wort mit a.
– b. Es passt nicht: *entbehrlich*: als einziges Wort mit e: in der Wortfamilie kein Wort mit a.
– c. Es passt nicht *die Freude*: als einziges Wort mit eu: in der Wortfamilie kein Wort mit au.
– d. Es passt nicht: *erfreulich*: als einziges Wort mit eu: in der Wortfamilie kein Wort mit au.

❸ a) a. du ~~beisst~~: *du beißt* mit ß, weil: *wir beißen*
b. ~~das Gaß~~: *das Gas* mit s, weil: *viele Gase*
c. ~~der Aufguß~~: *der Aufguss*: *guss* in *Aufguss* mit ss, weil: *viele Güsse*, Silbengelenk
d. ~~das Eiweis~~: *das Eiweiß*: *weiß* in *Eiweiß* mit ß, weil: *viele weiße Eier*
e. ~~unfaßbar~~: *unfassbar* mit ss, weil: *wir fassen*
f. ~~gütich~~: *gütig* mit g, weil: *viele gütige Menschen*
g. ~~eklich~~: *eklig* mit g, weil: *das eklige Verhalten*, das l gehört zum Wortstamm *ekl*. Man schreibt deshalb -ig.
h. ~~greulich~~: *gräulich* mit äu, weil verwandt mit: *grau*
i. ~~zersteuben~~: *zerstäuben* mit äu, weil verwandt mit: *der Staub*
j. ~~sich schemen~~: *sich schämen* mit ä, weil verwandt mit: *die Scham*

b) Lösungsbeipiele:
– das Gas: die Gasflasche, das Gasfeuerzeug, gasen, gasförmig ...
– zerstäuben: der Staub, das Stäubchen, stäuben, staubfrei ...
– sich schämen: die Scham, das Schamgefühl, schamlos ...
– das Eiweiß: das Deckweiß, das Weiß, das Weißbrot, weißlich ...

❹ b) Lösungsbeispiele: (was man tun kann, um an diesen Stellen Fehler zu vermeiden, steht in den Klammern):

Abkürzung groß, weil: erweiterbar: *besondere Abkürzung*; Abkürzung mit z, weil: *Ab|kürz|ung: kürz – wir kürzen*: nach geschlossener Silbe **(a, b, d, e)**

über|setzt mit tz, weil: *wir setzen*: (besonderes) Silbengelenk **(a, b, c)**

Intelligenz: groß, weil: erweitert: *Künstliche Intelligenz*; Fremdwort auf -enz als Merkstelle **(e, h)**

vorher mit v, weil: zerlegen in: *vor|her, vor*: Wortbaustein **(d)**

erklärt mit ä, weil: von *klar* abgeleitet **(c)**

Moment groß, weil: erweiterbar: *im (jetzigen) Moment* **(e)**

Thema groß, weil: erweiterbar: *ein (spannendes) Thema*, Fremdwort mit th als besondere Merkstelle **(e, h)**

Eindruck groß, weil: erweiterbar: *einen (guten) Eindruck*; *Ein|druck* mit ck, weil: *wir drücken*: Silbengelenk **(a, b, d, e)**

Einsatz groß, weil: erweiterbar: *einen (guten) Einsatz*; mit tz, weil: *viele Einsätze*: Silbengelenk **(a, b, d, e)**

viele mit v, weil: abgeleitet von *viel*
(**c**)

Schreiben groß, weil: erweiterbar:
(richtiges) Schreiben (**e**)

Fehler mit h, weil: Dehnungs-h als besonderes Kennzeichen der offenen Silbe vor l (**a, h**)

5 Lösungsbeispiele:

a) – übersetzen, setzen, der Setzer, der Setzling, die Setzung, einsetzen, versetzen, einsetzbar …
– Fehler, fehlen, verfehlen, die Fehlanzeige, die Verfehlung, der Fehlgriff, fehlerhaft, fehlerlos …

b) – die Abkürzung: kürzen, kurzhalten, die Kurzarbeit, die Kürze, die Kurzstrecke, kurz, kürzlich …
– erklärt: klar, die Klarheit, die Klärung, die Kläranlage, aufklaren, klären, die Erklärung …
– das Thema: die Thematik, die Themenstellung, thematisieren, thematisch …
– der Eindruck: der Druck, der Drückeberger, der Drucker, die Drucktaste, drücken, sich verdrücken …
– der Einsatz, der Satz, der Satzball, der Satzbau, der Vorsatz, das Satzglied, satzfertig, satzweise …

6 b) – ~~Quatsch-Maschienen~~ – Quatsch-Maschinen
– Ohren|schützer – ~~Ohrenschüzer~~
– Späne – ~~Spähne~~
– aus|sieht – ~~aussiet~~
– ~~schraupt~~ – schraubt
– stolz – ~~stolz~~
– denkt – ~~denckt~~
– verrücktesten – ~~verücktesten~~
– ~~forstellen~~ – vor|stellen
– filmt – ~~filmmt~~
– ~~arbeiten~~ – Arbeiten
– ~~bezalen~~ – bezahlen
– ~~erzehlt~~ – erzählt

c) *Quatsch-Maschinen* mit i, weil: *Maschine* Fremdwort auf -ine.

Ohrenschützer: *schützer* mit tz, weil: Silbengelenk: *schüt zer*.

Späne ohne h, weil: offene Silbe ohne Dehnungs-h.

aussieht mit h, weil: *wir se hen* mit silbentrennendem h.

schrauben mit b, weil: *wir schrau ben*.

stolz mit z, weil: *ein stol zer Mensch* – geschlossene Silbe.

denkt mit k, weil: *wir den ken*

verrücktesten mit rr, weil: *ver|rückt*.

vorstellen mit v, weil: Wortbaustein vor

filmt mit m, weil: *wir fil men* – geschlossene Silbe

beim Arbeiten: groß, weil: erweiterbar: *beim schnellen Arbeiten*

bezahlen mit h, weil: Merkwort mit Dehnungs-h vor l.

erzählt mit ä, weil: abgeleitet von *Zahl*.

Seite 70–71 Fremdwörter erkennen und richtig schreiben

❷ Lösungsbeispiel:
- Fremdwörter mit **C/c**:
das Café, das Camp, die Cloud, die Cookies, der Podcast, der Computer, die City …
- Fremdwörter mit **V/v**:
der Vokal, das Volumen, der Livestream, das Video, privat, das Cover …
- Fremdwörter mit **Y/y** als Vokal:
die Party, der Intercity, das Display, das Handy …
- Fremdwörter mit **Y/y** als Konsonant:
der Yogalehrer, der Yuppie, die Yellow Press, die Yacht, der Yak …
- Fremdwörter mit **Th/th**:
das Thema, das Theater, der Thriller, der Rhythmus, das Thermometer …
- Fremdwörter mit **Ph/ph**:
das Phishing, das Smartphone, das Apostroph, die Biographie, der Triumph …
- Fremdwörter mit **Sh/sh**:
das Shirt, der/das Shuttle, die Shifttaste, die Shareware, die Show, das Phishing …
- Fremdwörter mit **-age**:
die Garage, die Blamage, die Reportage, die Montage, die Collage …

❸ a. *die Krone* passt nicht;
weitere passende Wörter: *der Charakter, der Chor, das Chrom*
b. *die Schrift* passt nicht;
weitere passende Wörter: *checken, der Chat, die Chaussee, der Chef*
c. *die Kohle* passt nicht;
weitere passende Wörter: *clean, der Clinch, der Clown, der Coach*

❹ Lösungsbeispiele:
- die Garage, das Garagentor, das Garagendach, die Fahrradgarage …
- das Volumen, voluminös, das Haarvolumen, das Gesamtvolumen, …
- die City, citynah, der Citybus, der Intercity …
- die Show, der Showdown, das Showgeschäft, der Showmaster …

❺ a. das ~~Labyrint~~ - das Labyrinth
b. der ~~Akusativ~~ – der Akkusativ
c. die Globusse – die ~~Globuse~~
d. der ~~Gulli~~ – der Gully
e. der Dativ – der ~~Datif~~
f. die Krise – die ~~Kriese~~
g. die ~~Razia~~ – die Razzia
h. das Krokodil – das ~~Krokodiel~~
i. die Batterie – die ~~Batteri~~,
j. die Gardine – die ~~Gardiene~~
k. die Funktion – die ~~Funkzion~~
l. die Phase – die ~~Fase~~
m. der ~~Apostrof~~ – der Apostroph
n. die Courage – die ~~Kourage~~

Seite 72–77: Groß oder klein? Nominale Kerne im Satz finden

❶ a) Lösungsbeispiele:

Bildschirm groß, weil erweitert:
Weniger Bildschirm

Bewegung groß, weil erweiterbar:
mehr (schnelle) Bewegung

Sitzen groß, weil erweitert:
Beim ständigen Sitzen

Krankenkasse: groß, weil erweitert:
einer großen Krankenkasse

Hilfreiches: groß, weil mit Endung nach unbestimmtem Zahlwort: *viel Hilfreiches*

Umwandlung: groß, weil erweiterbar:
zur (erfolgreichen) Umwandlung

b) Von großer Wichtigkeit sind Betätigungen, die Spaß machen. So bleibt man mit mehr Motivation dabei. Und sie rät zu einem langsamen Steigern: „Anfangs reicht leichtes Trainieren vollkommen aus. Dauer und Anstrengung können dann langsam erhöht werden.“ Selbst Treppensteigen oder Radfahren bringen schon etwas. Optimal sind Ausdauersportarten, die möglichst viele Muskeln beanspruchen, etwa Schwimmen, Joggen oder Walken. Aber man kann auch zwischendurch kurze Übungen zum Muskelaufbau einbauen, beispielsweise Liegestütze. Entscheidend und zugleich am schwierigsten umzusetzen ist, so Silvia Domen, dass der tägliche Medienkonsum heruntergefahren wird und Sportzeiten eingeplant werden: „Das gelingt am besten gemeinsam mit anderen, die das gleiche Ziel verfolgen.“

c) Lösungsbeispiele:
- Wichtigkeit groß, weil erweitert: *Von großer Wichtigkeit*
- Betätigungen groß, weil erweiterbar: *(sportliche) Betätigungen*
- Spaß groß, weil erweiterbar: *(großen) Spaß*
- Motivation groß, weil erweiterbar: *mehr (sportliche) Motivation*
- Steigern groß, weil erweitert: *zu einem langsamen Steigern*
- Dauer groß, weil erweiterbar: *(kurze) Dauer*
- Anstrengung groß, weil erweiterbar: *(leichte) Anstrengung*
- Treppensteigen groß, weil erweiterbar: *(anstrengendes) Treppensteigen*
- Radfahren groß, weil erweiterbar: *(regelmäßiges) Radfahren*
- Ausdauersportarten groß, weil erweiterbar: *(einfache) Ausdauersportarten*
- Muskeln groß, weil erweiterbar: *viele (starke) Muskeln*
- Schwimmen, Joggen, Walken groß, weil erweiterbar: *(schnelles) Schwimmen, (gezieltes) Joggen und (zügiges) Walken*
- Übungen groß, weil erweitert: *kurze Übungen*
- Muskelaufbau groß, weil erweiterbar: *zum (kräftigen) Muskelaufbau*
- Liegestütze groß, weil erweiterbar: *(anstrengende) Liegestütze*
- Medienkonsum groß, weil erweitert: *der tägliche Medienkonsum*
- Sportzeiten groß, weil erweiterbar: *(regelmäßige) Sportzeiten*
- Ziel groß, weil erweitert: *das gleiche Ziel*

2 ☒ die Wörter Steigerungsformen von Adjektiven sind.
☒ sie in den Sätzen nicht erweiterbar sind.

b) Lösungsbeispiele:
Am liebsten bewegen sich mache schon vor dem Frühstück.
Am größten dazu ist die Überwindung nach dem Essen.
Am schnellsten entscheiden sich viele für einen Spaziergang am Nachmittag.

3 a) Mit ihren Touren auf bunt beleuchteten Rädern wollen sie auf etwas aufmerksam machen: Mehr Bewegung und Sicherheit im Straßenverkehr. „Sehen und gesehen werden“ ist ihnen dabei besonders wichtig, wie sie betonen und grell leuchtend zeigen. Die beleuchteten

Fahrräder fallen sofort ins Auge, anders als die unbeleuchteten. Zu solchen Aktionen versammeln sich nicht nur Zuschauende. Viele wollen mitmachen und kommen mit dem Fahrrad, natürlich auffallend geschmückt. Mit der Zeit stellen Teilnehmende fest. Es ist nicht nur Radfahren. Sie tun etwas Gutes für ihre Gesundheit.

b) – Touren groß, weil erweiterbar: *(lange) Touren*
- Rädern groß, weil erweitert: *bunt beleuchteten Rädern*
- aufmerksam nach *etwas* (unbestimmtes Zahlwort) klein, weil: *aufmerksam* ohne Endung
- Bewegung, Sicherheit und Straßenverkehr groß, weil erweiterbar: *(tolle) Bewegung, (große) Sicherheit, im (dichten) Straßenverkehr*
- wichtig nach *besonders* klein, weil: *wichtig* ohne Endung
- grell leuchtend klein, weil: nicht erweitert und erweiterbar
- zeigen klein, weil: nicht erweitert und erweiterbar, allein umstellbar
- beleuchteten klein, weil: Erweiterungswort mit Endung *-en* zu *Fahrräder*
- die unbeleuchteten klein, weil: *Fahrräder* eingespart
- Aktionen groß, weil: erweitert
- Zuschauende groß, weil: erweiterbar: *(zahlreiche) Zuschauende*
- auffallend klein, weil: nicht erweiterbar und allein umstellbar
- Teilnehmende groß, weil: erweiterbar: *(zahlreiche) Teilnehmende*
- Radfahren groß, weil: erweiterbar: *(tolles) Radfahren*
- Gutes groß, weil: nach *etwas* (unbestimmtes Zahlwort) und mit Endung *-es*
- Gesundheit groß, weil: erweiterbar: *(gute) Gesundheit*

❹ Lösungsbeispiele:
a. Mit ihren Touren wollen sie abends auf etwas aufmerksam machen.
b. Mehr Sicherheit im Straßenverkehr ist wichtig zu jeder Tageszeit: nachts und auch tagsüber.
c. Die beleuchteten Fahrräder fallen in der Nacht sofort ins Auge.

❺ **Kontra**:
Frau Domen gibt in ihrem Beitrag eine Menge Tipps, wie man sich im Alltag mehr bewegen kann, aber ganz so einfach ist es nicht. Man soll Betätigungen aussuchen, die Spaß machen. Aber es gibt eine Menge Menschen, denen gar keine sportliche Betätigung Spaß macht. Etwas Bedenkenswertes sehe ich auch bei den Übungen zum Muskelaufbau. Es ist beispielsweise nicht unproblematisch, zu Hause mit einfachen Hilfsmitteln Krafttraining zu betreiben. Ohne fachliche Anleitung kann das mehr Schaden als Nutzen zur Folge haben. Und vor allem glaube ich, dass es im Allgemeinen wenig erfolgversprechend ist, gewohnheitsmäßige „Bildschirmhocker" mit Sporttipps in Bewegung bringen zu wollen.

Pro
Ich finde es gut, dass Frau Domen noch einmal auf den Bewegungsmangel hinweist. Es ist doch klar, dass stundenlanges Sitzen vor dem Bildschirm nicht gesund sein kann. Ihre Tipps, wie man auf einfache Weise in Bewegung kommt, können von jedem umgesetzt werden. Wichtig ist, dass alles in den Alltag eingebaut werden kann. Wer keine Zeit für den Besuch im Fitnessstudio hat, kann selbst früh morgens oder am Abend nach der

Arbeit noch etwas trainieren. Und am Wochenende findet sich sicher Zeit, sich an der frischen Luft zu bewegen. Bei den vielen Ideen, die Frau Domen vorstellt, ist sicher für viele etwas Sinnvolles dabei.

❻ a) a. Betätigung groß, weil: erweitert, Spaß groß, weil: erweitert
b. Dauer groß, weil: erweiterbar, Anstrengung groß, weil: erweiterbar
c. Sinnvollem und Erfolgsversprechendem groß, weil: nach *etwas* (unbestimmtes Zahlwort) mit Endung: *etwas Sinnvollem und (etwas) Erfolgsversprechendem*
d. Übungen groß, weil: erweitert; schwierigen und anspruchsvollen klein, weil: *Übungen* eingespart: ... *die schwierigen (Übungen) und anspruchsvollen (Übungen)*

b) Lösungsbeispiel:
Eine sportliche Betätigung mit guten Freunden und ohne Stress kann großen Spaß machen und zur besseren Kondition beitragen.

Seite 78–80: Getrennt oder zusammen? Strategien nutzen

❶ a. Das Praktikum haben wir zusammen (in einer Gärtnerei) gemacht.
b. Aus den gesammelten Materialien haben wir für unseren Bericht schon einiges zusammengeschrieben.
c. Wenn nichts dazwischenkommt, werden wir bald an den Berichten weiterschreiben.
d. Viele Arbeiten sind uns nicht besonders schwergefallen.
Beim Aufräumen bin ich einmal gestolpert und schwer (auf den Boden) gefallen.

❷ a. Bei vielen Arbeiten muss man fest stehen, um sich nicht zu verletzen.
Heute wird es feststehen (= sicher sein), ob ich mich im Betrieb bewerben kann.
b. Für Fehler muss man natürlich geradestehen (= die Verantwortung übernehmen).
Bei vielen Arbeiten kann man kaum gerade stehen.
c. Wir sind noch nicht dazu gekommen, die Berichte abzugeben.
Es werden noch weitere Berichte dazukommen (= folgen, ergänzt werden).
d. Bei bestimmten Arbeiten sollten wir nicht stehen, sondern dabei (gerade) sitzen.
Wir durften auch bei wichtigen Besprechungen dabeisitzen (= daneben sitzen).
e. Bei kniffligen Arbeiten sollte man den Kopf möglichst still halten.
Wehr dich doch mal! Du hast schon viel zu lange stillgehalten (= nicht reagiert).

❹ ~~Fach Leute~~ Fachleute haben sich diese Woche in Essen ~~an geschaut~~ angeschaut, wie sicher ~~Lasten Räder~~ Lastenräder sind. Sie setzten Puppen, die etwa so groß und ~~schwersind~~ schwer sind wie Kinder, in die Lastenräder. Dann spielten sie gefährliche Situationen im Verkehr nach. Sie beobachteten, was bei einem Unfall passiert. Waren die Puppen nicht ~~an geschnallt~~ angeschnallt, fielen sie bei einer ~~voll Bremsung~~ Vollbremsung vor dem ~~Lasten Rad~~ Lastenrad auf die Straße. Echte Menschen wären dabei höchstwahrscheinlich verletzt worden. Die Fachleute raten daher: Mit Helm und Gurt ist es sicherer! Ein Fähnchen am Fahrrad kann ~~dafürsorgen~~ dafür sorgen, dass Autofahrer es nicht so ~~leichtübersehen~~ leicht übersehen.

Gemeinsamkeiten und Unterschiede feststellen

Schülerband Seiten 188 – 189

1 Welches gemeinsame Thema haben beide Texte?

In beiden Texten geht es um ______________________________,
die noch ________________ oder ________________ Deutsch sprechen können.

kaum
nicht
Schüler

2 Worin unterscheiden sich die Texte?

In **M1** geht es um Kinder, die gerade erst zur ________________ kommen. Sie werden ______________________ mit allen anderen Kindern unterrichtet. Darüber gibt es verschiedene ______________________________. Einige finden, sie sollen __________ der Schule Deutsch lernen. Andere meinen, dass sie in der Schule von den ____________ Kindern gut lernen können.

anderen
gemeinsam
Meinungen
Schule
vor

In dem Text **M2** geht es um Jugendliche, die in einer __________ ______________________________________ Deutsch lernen.
Ihre ________________________ Sprachen sind wichtig dabei.
In den Gruppen gibt es eine ____________________________ __________ für die gemeinsame Arbeit. Wörterbücher, aber auch ____________________ sind eine ______________________.

eigenen
Hilfe
Smartphones
Verständigungs-sprache
Vorbereitungs-klasse

Schülerband
Seiten 200 – 201

Medientexte lesen und einordnen

❶ Schau dir die Bilder an und lies die Überschriften.

In beiden Texten geht es um die Stadt ______________________.

❷ Lies nun die beiden Texte **M1** und **M2**.

❸ Lies die Texte noch einmal gründlich. Welche Aussagen passen zu M1, welche zu M2? Kreuze an.

Der Text ...	**M1**	**M2**
a. ist eher sachlich formuliert.		
b. enthält persönliche Eindrücke und Wertungen.		
c. will seine Leser vor allem informieren.		
d. will seine Leser neugierig machen.		
e. ist ein Lexikontext.		
f. ist aus einem Reiseführer.		

❹ Beschreibe die Textsorten von M1 und M2.

Geschichte
Informationen
Lexikon
sachlichen

M1 ist ein Artikel aus einem ______________________.
Er ist in einer ______________________ Sprache geschrieben
und enthält viele ______________________, zum Beispiel
zur ______________________ der Stadt Istanbul.

cool
neugierig
persönliche
Reiseführer
Schöne

Text **M2** ist aus einem ______________________. Er möchte
______________________ auf die Stadt machen. Er beschreibt
______________________ Eindrücke und benutzt auch Wertungen
wie „die ______________" oder die Stadt ist „______________".

M1

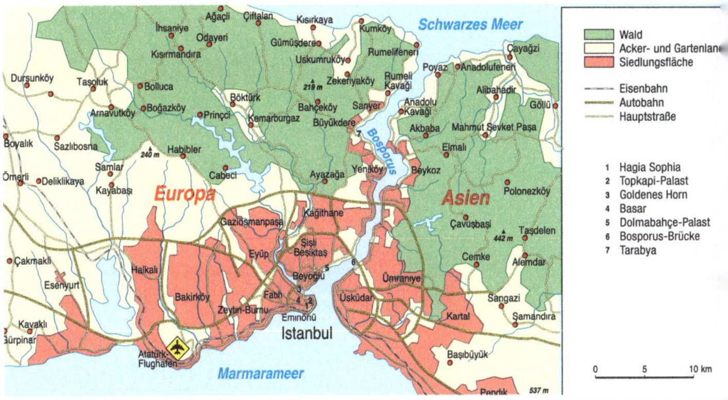

Istanbul ist die größte Stadt der Türkei. Hier leben fast 16 Millionen Menschen. Der Bosporus verbindet das Schwarze Meer im Norden und das Marmara-Meer im Süden. Er ist auch die Grenze zwischen Europa und Asien. Istanbul liegt deshalb als einzige Stadt der Welt auf zwei Kontinenten.

Istanbul wird auch die „Stadt der sieben Hügel" genannt, weil sie zuerst auf sieben kleinen Hügeln erbaut wurde. Die Stadt wurde schon im Altertum gegründet. Sie hieß zuerst Byzanz, später bei den Römern Konstantinopel. In der Altstadt gibt es viele Moscheen, Museen und Kirchen aus diesen Zeiten.

Nach dem Ende des Ersten Weltkriegs entstand die Türkische Republik.

Seit dem Jahr 1930 heißt die Stadt Istanbul. Hauptstadt des Landes ist seit 1923 allerdings Ankara, das etwa 500 Kilometer östlich liegt.

Willkommen in Istanbul

M2

Istanbul, Stadtteil Ortaköy: Morgens ist der zentrale Platz richtig idyllisch. Am Bosporus schaukeln kleine Boote, das Wasser ist sehr klar, an manchen Tagen sieht man Delfine.

Rifat ist ein Straßenkehrer. Gemeinsam mit seinem Kollegen macht er morgens die Reste vom Vorabend wieder sauber. Denn Ortaköy ist ein aufstrebendes Viertel, liegt im Trend und hat viele Besucher. Rifat wechselt mit jedem, den er kennt, ein paar Worte.

Die Stadt gilt als cool. Künstler und Musiker aus aller Welt kommen. Sie hat ihren Nobelpreis-Träger in Literatur: Orhan Pamuk. Istanbul strahlt und die Stadt lässt es krachen. Was hat sich verändert? Alles ist ja noch da: die Schätze der Vergangenheit, die Moscheen und Paläste, leider auch die Armut, die noch größer geworden ist. Anstrengend ist sie, die Schöne am Bosporus. Aber keine Stadt in Europa ist temperamentvoller und interessanter.

(verändert)

Schülerband
Seiten 202 – 205

Medientexte miteinander vergleichen

1 Vergleiche **M1** und **M2**. Kreuze an.

Der Text ...	**M1**	**M2**
enthält Namen, Fakten und Zahlen.		
enthält viele Sachinformationen.		
beschreibt persönliche Eindrücke.		
enthält Informationen über die Geografie der Stadt.		
enthält Wertungen.		
schildert die Stadt, als ob man dabei wäre.		
beschreibt auch Personen und was sie machen.		
informiert über die Geschichte.		
gibt Beobachtungen wieder.		
schreibt über die Stadt, als ob sie eine Person wäre.		

2 Schreibe zwei Beispiele für sachliche Informationen auf.
Gib an, in welchem Text du sie gefunden hast.

a. Text __________:

____

____

____

b. Text __________:

____

____

____

____

3 Schreibe zwei Beispiele für persönliche Eindrücke auf.
Gib an, in welchem Text du sie gefunden hast.

a. Text ____________:

____

____

____

b. Text ____________:

____

____

____

4 Schreibe zwei Beispiele für Wertungen auf.
Gib an, in welchem Text du sie gefunden hast.

a. Text ____________:

____

____

____

b. Text ____________:

____

____

____

Schülerband
Seiten 288 – 294

Wortarten bestimmen

1 Was weißt du über die Wortarten?
Schreibe die Merkmale aus der Randspalte in die Tabelle.

- ~~Verhältniswort~~
- Wie ist etwas?
- Was geschieht?
- Ausruf
- Begleiter
- gibt Informationen über Ort, Zeit oder Umstände
- verbindet Sätze
- Namenwort
- steht für das Namenwort

Wortart	Merkmal	Beispiel
Artikel		der, ein
Verb		laufen
Nomen		Buch
Adjektiv		schön
Pronomen		ich, sie
Präposition	Verhältniswort	in, auf
Konjunktion		und, weil
Adverb		sehr, dort
Interjektion		oh, aua

2 Bestimme die Wortarten der folgenden Wörter:
spielen eine jetzt Laptop ~~der~~ er Maus sie aha groß
dort klicken weil damit hurra unter langsam auf

Artikel: der, ______

Verb: ______

Nomen: ______

Adjektiv: ______

Pronomen: ______

Präposition: ______

Konjunktion: ______

Adverb: ______

Interjektion: ______

❸ In dem folgenden Text sind alle Wörter außer den Satzanfängen kleingeschrieben. Unterstreiche alle Nomen.

Du nutzt medien, wenn du den fernseher einschaltest oder wenn du im internet surfst oder chattest. Medien verbreiten die neuesten informationen und nachrichten. Spannende bücher, interessante filme, ein aktueller podcast – medien bestimmen unseren alltag. Neue medien übermitteln informationen in digitaler form. Jugendliche nutzen digitale medien öfter als erwachsene. Fast alle jugendlichen sind online und das am liebsten mobil. Längst sind handys die digitale plattform für das kommunizieren und informieren, auf ihnen lassen sich auch traditionelle medien auf neue art nutzen.

So erkennst du Nomen:
a. Vor dem Nomen steht ein Artikel: das Handy.
b. Vor dem Nomen steht eine Präposition mit Artikel: auf dem Handy.
c. Vor dem Nomen steht ein Adjektiv: ein neues Handy.
d. Vor dem Nomen steht ein Zahlwort: viele Handys.
e. Vor dem Nomen steht ein Pronomen als Begleiter: mein Handy.
f. Vor das Nomen könnte man einen Artikel stellen: (das) Handy.

❹ a) Die Nomen in dem Text müssen großgeschrieben werden. Schreibe alle Nomen auf:

Medien, ______________________________

____

____

____

____

____

____

b) Suche im Text je drei Adjektive und drei Verben. Schreibe sie in der Grundform auf.

Adjektive: neu, ______________________________

Verben: nutzen, ______________________________

*Schülerband
Seiten 288 – 294*

Satzglieder finden, Sätze bilden

1 Baue aus den Wörtern einen sinnvollen Satz zusammen:

~~Der~~ ~~Chef~~ nach die Gespräch kurzen mir Backstube ~~zeigte~~ einem

Der Chef zeigte ______________________________

____

Die Wörter eines Satzes, die man allein oder gemeinsam umstellen kann, nennt man ***Satzglieder****.*

2 Untersuche den Satz und finde die Satzglieder.

a) Welche Wörter oder Wortgruppen kannst du verschieben? Schreibe den Satz auf und klammere die Satzglieder ein.

(Der Chef) (zeigte) ______________________________

____

b) Aus wie vielen Satzgliedern besteht der Satz? Ergänze:

Der Satz hat __________ Satzglieder.

c) Wo steht das Prädikat? Ergänze:

Das Prädikat steht an der __________________ Stelle.

3 Baue aus den Wörtern Sätze und finde die Satzglieder. Setze sie in Klammern.

Arber im Praktikum

a. einer Arber Praktikum ~~seit~~ ~~Woche~~ ein in ~~macht~~ Bäckerei ~~einer~~

(Seit einer Woche) (macht) ______________________________

____

b. der ~~ersten~~ er ~~die~~ ~~drei~~ half den in Kollegen Backstube ~~Tage~~

Die ersten drei Tage ___________________________

____

c. Bahnhof ~~seit~~ Filiale in ~~heute~~ Arber
der am arbeitet

Seit heute ___________________________

____

d. ~~seine~~ Arbeitsabläufe über ~~freundlichen~~
informieren Kollegen ihn die.

Seine freundlichen ___________________________

____

e. ~~Arber~~ die an Theke von bis acht
der 16 Uhr ~~bedient~~ Kunden

Arber bedient ___________________________

____

f. der möchte ~~nach~~ eine ~~Schule~~ ~~der~~ Lehre
in Bäckerei Arber machen gern

Nach der Schule ___________________________

____

4 Finde die Prädikate in den Sätzen und schreibe sie hier auf.

a. macht, b. ___________________________

____

*Schülerband
Seiten 288 – 294*

Umstellprobe: Wichtiges an den Satzanfang stellen

*Du kannst die **Umstellprobe** nutzen, um Texte zu verbessern. Stelle dazu das Satzglied, das du betonen willst, an den Satzanfang.*

1 Bilde aus den Satzgliedern Sätze. Es gibt mehrere Möglichkeiten, die Satzglieder anzuordnen. Schreibe drei Möglichkeiten auf.

verbringen   im Herbst   Urlauber   ihre Ferien
auf einem Bio-Bauernhof

– Im Herbst ______________________

____

– Ihre Ferien ______________________

____

– ______________________

____

a. Die Urlauber arbeiten <u>auf dem Bauernhof</u> als Helfer.
b. Die Arbeitszeit beträgt <u>sechs Stunden</u>.
c. Es gibt immer viel zu tun <u>auf den Feldern</u>.

2 Überarbeite den Text im Kasten am Rand.
– Stelle dazu die unterstrichenen Satzglieder an den Satzanfang, um sie zu betonen.
– Achte auf die Veränderung der Abfolge der übrigen Satzglieder.

a. Auf dem Bauernhof ______________________

____

b. Sechs Stunden ______________________

____

c. Auf den Feldern ______________________

____

Die Bedeutung von Fachwörtern bestimmen

*Schülerband
Seiten 232 – 233*

1 Was bedeuten die Fachwörter?
Bearbeite dazu den Text.
a) Lies dir den Text durch.
b) Ergänze die fehlenden Wörter.
d) Wie nennt man eine Person,
die ausgebildet wird? Unterstreiche sie.

Ein duales Ausbildungssystem ist **ein System der Berufsausbildung, das an zwei Lernorten stattfindet: im Betrieb und in der Berufsschule**. Dabei werden theoretische Grundlagen und praktische Qualifikationen zu dem Beruf vermittelt.

Bei der dualen Ausbildung findet der praktische Teil ________ ____________________ statt. Der theoretische Teil findet ________________________________ statt.

Die Person, die sich in der dualen Ausbildung befindet, wird als ________________________________ bezeichnet.

- in der Berufsschule
- Auszubildende oder Auszubildender
- im Betrieb

2 Schreibe die Sätze fertig.

Bei dem dualen System findet die Ausbildung ____________

____

In der Berufsschule ____________________________

____

Im Betrieb ____________________________

____

Schülerband
Seiten 288 – 294

Zeitformen in Texten gebrauchen

1 a) Lies den Anfang von Annes Praktikumsbericht bei der Feuerwehr. Unterstreiche alle Prädikate.

Pünktlich um 7 Uhr morgens kam ich auf der Feuerwehrwache an. Dort sah ich zuerst bei der Dienstübernahme zu. Dabei versammeln sich alle Feuerwehrleute und werden in ihre Aufgaben eingewiesen. Ich stand im Mittelpunkt, da dieser Beruf ein typischer Männerberuf ist. Ich lernte die Kollegen und die Feuerwehr kennen und mir wurden die Fahrzeuge mit der Ausrüstung gezeigt. Es ist unglaublich, wie viel Kram in so einen Wagen passt. Alles hat seine Ordnung, die auch immer eingehalten wird. Für jedes Gebiet gibt es verschiedene Sachen, damit die Feuerwehr auch bei jedem Problem helfen kann.

b) In der Tabelle findest du die Grundform der Verben. Ordne die Prädikate aus dem Text zu.

Grundform	**Form im Text**	**Grundform**	**Form im Text**
ankommen	kam ... an	zeigen	
zusehen		passen	
sich versammeln		haben	
einweisen		einhalten	
stehen		geben	
sein		helfen	
kennenlernen		können	

c) Anne benutzt im Praktikumsbericht die Zeitformen **Präsens** (Gegenwart) und **Präteritum** (Vergangenheit). Ergänze:

a. Wenn Anne davon berichtet, was sie im Praktikum erlebt hat, wählt sie das ______________________.

b. Wenn Anne darüber berichtet, was bei der Feuerwehr immer wieder passiert, wählt sie das ______________________.

2 Lies die Fortsetzung von Annes Praktikumsbericht. Setze die Verben aus der Randspalte in der passenden Zeitform ein.

a. Zuerst ______________ die Dienstbesprechung __________. b. Danach ______________________ die Männer am Frühstückstisch. c. Dann ______________ wir alle raus aufs Feuerwehrgelände und ich ______________ mit anpacken. d. Anschließend ______________ ich das Löschfahrzeug ______________. e. Interessant __________ der Wasserlüfter. f. Das ist ein riesiger Ventilator, der Wind ______________, um Rauch wegzublasen. g. Es __________ eine Sache, die mir an diesem Morgen klar geworden ist: h. Feuerwehrleute ______________ viel mehr leisten, als nur Feuer löschen. i. Viel öfter ______________ sie Menschen bei Unfällen oder ______________ verletzten Tieren.

stattfinden
sich versammeln
gehen
dürfen
kennenlernen
sein
machen, geben
müssen
retten
helfen

Schülerband
Seiten 288 – 294

Aktiv und Passiv gebrauchen

Bei Mobbing-Fällen in der Schule werden oft Lügen oder Gerüchte verbreitet. Manchmal werden Unterrichtsmaterialien versteckt oder vernichtet. Das Mobbing-Opfer wird erpresst, geschlagen oder ausgegrenzt. Es wird gehänselt und lächerlich gemacht. Dazu werden auch die sozialen Medien genutzt. Opfer von Mobbing müssen unterstützt werden!

1 a) Lies den Text über Mobbing in der Schule.
b) Unterstreiche die Verben.

2 Die Sätze stehen im Passiv, weil die Person nicht selbst handelt.
Es wird etwas mit der Person gemacht.
In der Tabelle steht jeweils die Grundform der Verben.
Ordne die Passivform aus dem Text zu.

Grundform	**Passivform**
verbreiten	werden verbreitet
verstecken	werden
vernichten	werden
erpressen	
schlagen	
ausgrenzen	
hänseln	
machen	
nutzen	
unterstützen	

3 Hier findest du Beispiele für Mobbing.
Forme die Aussagen über die Schülerinnen und Schüler in Passivsätze um.

a. Die anderen Schüler lachen Leo immer aus.

Leo wird von den anderen Schülern immer ausgelacht.

b. Jemand aus Tinas Klasse versteckt oft Sachen von ihr.

Tinas Sachen werden oft von

c. Eine Mitschülerin hänselt Mia öfters.

Mia wird

d. Einige Mitschüler verbreiten bösartige Gerüchte über Oskar.

Bösartige Gerüchte werden

e. Noahs Mitschüler schließen ihn von ihren Gesprächen aus.

Noah wird

f. Eine Mitschülerin macht immer blöde Bemerkungen über Limas Kleidung.

Blöde Bemerkungen werden

*Sätze stehen im **Passiv**, wenn der Vorgang betont wird:*
Samuel wird von seinen Mitschülern in der Klasse gemobbt.
Das Passiv wird mit dem Hilfsverb werden und dem Partizip II gebildet.

*Schülerband
Seiten 238 – 239*

Die Meinung anderer in indirekter Rede wiedergeben

1 Medienscouts helfen bei Problemen mit digitalen Medien. Lies, was Jonas über die Arbeit als Medienscout sagt und was darüber in einer Schülerzeitung steht:

Medienscouts beschäftigen sich mit allem rund ums Internet. Vor allem geht es um Social Media. Weitere Themen sind Computerspiele und Cyber-Mobbing.

Jonas erklärt, er als Medienscout beschäftige sich mit allem rund ums Internet. Vor allem gehe es um Social Media. Weitere Themen seien Computerspiele und Cyber-Mobbing.

a) Unterstreiche alle Verben in der Sprechblase und in dem Text aus der Schülerzeitung.

b) Lies den Merksatz und kreuze passend an:

> In der **Sprechblase** steht, was Jonas wörtlich gesagt hat:
> „Medienscouts beschäftigen sich mit allem rund ums Internet."
> Das nennt man ☐ direkte Rede ☐ indirekte Rede.
> In der **Schülerzeitung** wird berichtet, was Jonas gesagt hat:
> Jonas erklärt, er als Medienscout beschäftige sich mit allem rund ums Internet.
> Das nennt man ☐ direkte Rede ☐ indirekte Rede.
> Die Verben stehen dann oft im ☐ Indikativ ☐ Konjunktiv.

Bei Mobbing geht es häufig um Fotos: Ein Foto, das beispielsweise nur an eine Freundin gerichtet ist, wird einfach weitergeschickt. Dadurch entsteht ein Schneeballeffekt und am Ende hat jeder das Foto. Manchmal schaltet die Schule dann sogar die Polizei ein, um das Foto wieder aus dem Netz zu bekommen.

2 a) Lies, was Maja über Mobbing erklärt. Unterstreiche die Verben in der Sprechblase.

b) Ergänze den Bericht in der Schülerzeitung. Setze dazu die Verben im Konjunktiv in die Lücken im Text ein.

entstehe gehe habe schalte ... ein werde

Maja erklärt: Bei Mobbing ______________ es häufig um Fotos:

Ein privates Foto ______________ einfach weitergeschickt.

Am Ende ____________ jeder das Foto. Manchmal ______________

die Schule dann sogar die Polizei __________.

Hauptsätze und Nebensätze unterscheiden

Schülerband Seiten 288 – 294

1 Lies die Erklärung am Rand. Untersuche dann die Sätze a und b.
a) Welche Sätze sind Hauptsätze? Unterstreiche sie gelb.
b) Welcher Satz ist ein Nebensatz? Unterstreiche ihn blau.

a. Alyssa nimmt ihr Handy. Sie chattet mit ihrer Freundin.

b. Alyssa nimmt ihr Handy, weil sie mit ihrer Freundin chatten will.

2 Kennzeichne die Hauptsätze (HS) und die Nebensätze (NS).
- Markiere die Verben an der zweiten Satzgliedposition gelb.
- Markiere die Verben am Satzende blau.
- Unterstreiche die Konjunktionen (und, wenn, damit, obwohl).

a. Tom hört Musik (HS) und Lea chattet mit ihrer Freundin (HS).

b. Cindy hört Musik (_____), wenn sie entspannen will (_____).

c. Paul hat sein Handy immer dabei (_____), damit er erreichbar ist (_____).

d. Obwohl es ihn nervös macht (_____), schaut er die ganze Zeit auf sein Handy (_____).

e. Lukas spart sein Taschengeld (_____), er braucht ein neues Handy (_____).

f. Handys sind sehr verbreitet (_____), fast jeder in unserer Klasse hat ein Handy (_____).

g. Ich höre Musik mit dem Handy (_____), wenn ich mit dem Bus fahre (_____).

***Hauptsätze** sind vollständige Sätze und können allein stehen. Das Verb steht immer an zweiter Satzgliedposition: Ich nutze mein Handy.*

***Nebensätze** können nicht allein stehen und sind von einem Hauptsatz abhängig. Nebensätze werden durch eine Konjunktion eingeleitet: Ich nutze mein Handy, wenn ich Informationen suche. In Nebensätzen steht das Verb am Satzende.*

Schülerband
Seiten 288 – 294

Sätze mit Konjunktionen verbinden

Du weißt:
Verbindungen aus Hauptsatz und Nebensatz (Satzgefüge) werden mit **Konjunktionen (Bindewörtern)** verbunden:
weil, da, obwohl, wenn, damit, sodass ...
Zwischen Hauptsatz und Nebensatz steht ein Komma.

1 Lies den Praktikumsbericht von Dirk und überarbeite ihn:
- Streiche die Konjunktionen durch, die nicht passen.
- Achte darauf, dass die Sätze sinnvoll verknüpft sind.

a. Bald müssen wir ein Schulpraktikum machen, damit/wenn wir herausfinden, welcher Beruf uns gefällt.

b. Viele brechen eine Ausbildung ab, obwohl/weil sie falsche Erwartungen haben.

c. Welcher Beruf passt zu mir? Das kann ich nur in der Praxis klären, sodass/indem ich verschiedene Bereiche austeste.

d. Ich würde gern mit Kindern arbeiten, obwohl/damit ich wenig Erfahrung habe.

e. Eine Vorstellung vom Beruf bekomme ich erst, wenn/als ich ihn in der Praxis kennenlerne.

2 Was denkt Marja über ihren Praktikumsplatz?
- Verbinde die Sätze mit den Konjunktionen in den Klammern.
- Achte auf die Satzstellung.

a. Mein Praktikum im Kindergarten war ein tolles Erlebnis. Ich habe die vielfältigen Aufgaben eines Erziehers kennengelernt. (weil)

Mein Praktikum im Kindergarten war ein tolles Erlebnis, weil ich
die vielfältigen Aufgaben eines Erziehers kennengelernt habe.

b. Mit Kindern zu arbeiten ist leichter. Du hast jüngere Geschwister. (wenn)

____

____

c. Ich habe es geschafft, die Kinder zu begleiten. Ich hatte keine Erfahrung. (obwohl)

____

____

d. Ich mache mein Praktikum im Kindergarten. Ich arbeite gern mit Kindern. (weil)

____

____

e. Die Kinder stellen viele Fragen. Wir spielen. (wenn)

____

____

Schülerband
Seiten 288 – 294

Mit Relativsätzen Zusatzinformationen geben

*Der **Relativsatz** ist ein Nebensatz, der durch ein Relativpronomen eingeleitet wird:*
*Das Wahrzeichen von Köln ist der Dom, **der 157 m hoch ist.***
Der Relativsatz erläutert sein Bezugswort im Hauptsatz (hier: Dom) näher.

❶ Untersuche die folgenden Sätze:

a. Das Wahrzeichen von Paris ist der Eiffelturm, der 1889 fertiggestellt wurde.

b. Die New Yorker Freiheitsstatue, die ungefähr 46 Meter hoch ist, gehört zu den höchsten Statuen der Welt.

a) Unterstreiche das Wort im Hauptsatz, zu dem du weitere Informationen erhältst.

b) Unterstreiche die Nebensätze, die weitere Informationen liefern.

❷ Erkläre die unterstrichenen Nomen genauer. Verbinde dazu die Hauptsätze mit den passenden Relativsätzen.

Hauptsatz ...	**... passender Relativsatz**
a. Die Porta Nigra ist ein römisches Stadttor,	1. ... in denen sich meist eine Grabkammer befindet.
b. Der König empfängt Gäste im Buckingham Palace,	2. ... in dem viele berühmte Gemälde zu sehen sind.
c. In Ägypten gibt es mehr als 100 Pyramiden,	3. ... der 775 Räume hat.
d. Viele Touristen besuchen in Paris den Louvre,	4. ... das 180 n.Chr. aus Sandstein gebaut wurde.
e. Ein weltbekanntes Bauwerk ist die Akropolis,	5. ... die 21.000 km lang ist.
f. Viele Urlauber besuchen die Chinesische Mauer,	6. ... der aus weißem Marmor besteht.
g. Ein bekanntes Urlaubsziel in Italien ist der schiefe Turm von Pisa,	7. ... in dem jährlich 2500 Veranstaltungen stattfinden.
h. In Sydney besucht man das Opernhaus,	8. ... die oberhalb von Athen liegt.

❸ a) Schreibe die Sätze von Aufgabe 2 in dein Heft.

b) Unterstreiche die Relativpronomen.

Kommasetzung bei Aufzählungen

Schülerband
Seite 241

Kein Unterricht

und keine Lehrer

und keine Bücher

und viiieeel freie Zeit – das klingt nach Ferien!

Bei einer **Aufzählung** setzt man zwischen den aufgezählten Wörtern, Wortgruppen oder Sätzen ein Komma. Das Komma ersetzt ein gedachtes und oder oder.

1. Lies, was Jolina am Handy zu ihrer Freundin sagt.
a) Was fällt dir an der Aufzählung auf? Ergänze den Satz:

Sie verknüpft beim Sprechen die Aufzählungen mit ___________.

b) Schreibe auf, was Jolina sagt.
- Ersetze die Aufzählungen mit und durch ein Komma.
- Wo kann das und stehen bleiben?

Kein Unterricht, ______________________________

____

____

2. Die Sätze a und b enthalten Aufzählungen.
Lies die Sätze halblaut für dich und achte darauf, wo du beim Sprechen eine kleine Pause machst.

a. Tim und Leon bleiben in den Ferien zu Hause und überlegen:

„Wollen wir ins Schwimmbad gehen Radfahren am Computer

spielen __________ einfach nur rumhängen?“

b. Die einen fahren in den Urlaub andere chillen einfach nur

__________ hängen mit ihren Freunden ab.

a) Unterstreiche die Aufzählungen in den Sätzen.
b) Überprüfe die Sätze und setze die Kommas an die richtige Stelle. Ergänze die fehlenden Wörter.

Schülerband Seite 242

Kommasetzung bei Nebensätzen

1 a) Lies die Sätze. Die Personalformen der Verben sind unterstrichen.
b) Überlege, in welchen Sätzen ein Komma gesetzt werden muss. Beachte dazu den Merkkasten am Rand.
c) Setze in den Sätzen a, d und e das fehlende Komma.

*In Sätzen mit einer Personalform eines Verbs steht kein Komma. Diese Sätze sind **Hauptsätze**.*

*Sätze mit zwei Personalformen bilden ein Satzgefüge. In Satzgefügen muss zwischen **Haupt- und Nebensatz** ein Komma gesetzt werden.*

a. Viele Jugendliche suchen sich einen Ferienjob weil sie etwas dazuverdienen wollen.
b. Ferienjobs im Ausland machen den Jugendlichen oft sehr viel Spaß.
c. Ein interessanter Ferienjob ist auf jeden Fall besser als Langeweile.
d. Acht Stunden am Tag darf man nur arbeiten wenn man mindestens 15 Jahre ist.
e. Abends ist man total erschöpft da die meisten Jobs sehr anstrengend sind.

2 Schreibe die Sätze fertig. Verwende die Nebensätze aus der Randspalte. Setze auch die Kommas.

... obwohl er manchmal schlecht bezahlt wird.
... wenn man Berufserfahrung sammeln möchte.
... damit man sich erholen kann.

a. Ein Ferienjob kann für die Ausbildung nützlich sein ____________

____

____

b. Viele entscheiden sich für einen Ferienjob ____________

____

____

c. Eigentlich braucht man aber richtige Ferien, ____________

____

____

3 Lies den Text und setze die fehlenden Kommas zwischen Haupt- und Nebensatz.
- Unterstreiche den Nebensatz.
- Achte auf die Konjunktion und die Stellung des Verbs.
- Schreibe den Text ab.

Manche Jugendliche braten lieber im Restaurant Burger während andere in den Ferien am Strand liegen. Ferienjobs sind sehr beliebt bei Jugendlichen weil sie Geld bringen. Man sollte sich aber informieren bevor man einen Ferienjob annimmt. Man darf beispielsweise nur dann acht Stunden am Tag arbeiten wenn man 15 Jahre alt ist. Die Suche nach einem Ferienjob ist gar nicht so leicht da die Nachfrage groß ist. Wenn man im Internet recherchiert findet man leicht eine Anzeige. Wenn man Glück hat kann man Ferien und Geldverdienen verbinden. Auf jeden Fall kann man die freie Zeit nutzen und neue Erfahrungen machen.

Schülerband Seiten 246 – 247

Regelhafte und abweichende Schreibungen erkennen

→ Nutze die Hinweise zu einzelnen Rechtschreibregeln im Schülerband: Wissen und Können, S. 295–296.

❶ Übe den Umgang mit wichtigen Regeln zur Wortschreibung. In jeder Wortreihe a – d findest du ein Wort, das nicht passt. Unterstreiche es.

Wann ll, mm, nn …, wann nicht? Wann tz oder ck?

a. die Flo**tt**e, die Schna**ll**e, die Schri**ft**en, das Tre**ff**en
b. wir ta**nk**en, wir ta**nz**en, wir he**tz**en, wir tri**nk**en
c. der Wi**tz**, der Fle**ck**, die Ba**nk**, der Sto**ck**
d. es zwi**ck**t, er schlu**ck**t, sie schni**tz**t, es si**nk**t

Wann silbentrennendes h, wann Dehnungs-h?

a. die Mü**h**e, die Ze**h**en, die Rei**h**e, der **Rah**men
b. wir **boh**ren, wir **füh**len, wir **fah**ren, wir dre**hen**
c. es blü**h**t, er flie**h**t, sie dro**h**t, er pra**h**lt
d. dre**h**bar, lei**h**weise, die Zie**h**ung, die Wa**h**rheit

Wann ss, wann ß?

a. die Nü**ss**e, die Kü**ss**e, die Grü**ß**e, die Flü**ss**e
b. sie bi**ss**en, die Bi**ss**e, bi**ss**ig, sie bei**ß**en
c. der Ba**ss**, der Fu**ß**, der Klo**ß**, der Sto**ß**
d. er fri**ss**t, er fra**ß**, die Fre**sss**ucht, der Fre**ss**napf

Wann b, d, g?

a. das Lo**b**, das Lei**d**, der Sprun**g**, flin**k**
b. es kle**b**t, es wir**d**, es sprin**g**t, es blin**k**t
c. die Gel**b**sucht, der Bun**t**stift, das Sprun**g**tuch, der Rin**g**finger
d. er hu**p**t, es pie**p**t, er sie**b**t, es klum**p**t

Wann ä, wann äu?

a. die **Ä**ste, der **Ä**rmel, der **E**ssig, **ä**rmlich
b. st**ä**rker, n**ä**mlich, entb**e**hrlich, schw**ä**cher
c. der K**äu**fer, verk**äu**flich, die Fr**eu**de, die Verk**äu**ferin
d. br**äu**nlich, s**äu**erlich, erfr**eu**lich, verk**äu**flich

❷ Setzt euch zu zweit zusammen und begründet eure Entscheidungen. Nutzt dazu euer Rechtschreibwissen.
Das Wort … wird mit … geschrieben, weil …
Bei dem Wort … ist das anders, weil …

3 a) Die unterstrichenen Wörter sind falsch geschrieben.
- Berichtige die Wörter darüber wie im Beispiel.
- Schreibe jeweils eine Begründung an den Rand.
- Vergleiche deine Lösung mit anderen.

a.	du beißt ~~beisst~~	du presst	du lässt	mit ß, weil: wir beißen
b.	das Maß	das Gefäß	das Gaß	
c.	der Aufguß	der Ausschluss	außen	
d.	das Eis	das Eiweis	das Gleis	
e.	das Fass	das Gefäß	unfaßbar	
f.	mündlich	gütich	hässlich	
g.	neblig	heimlich	eklich	
h.	es schäumt	die Fäulnis	greulich	
i.	sie zersteuben	scheußlich	die Scheune	
j.	nämlich	sich schemen	sie scherzen	

b) Wähle drei Fehlerwörter aus und erstelle dazu Wortfamilien wie im Beispiel. Nutze ein Wörterbuch.

wir beißen: der Beißring, beißwütig, abbeißen, zubeißen ...

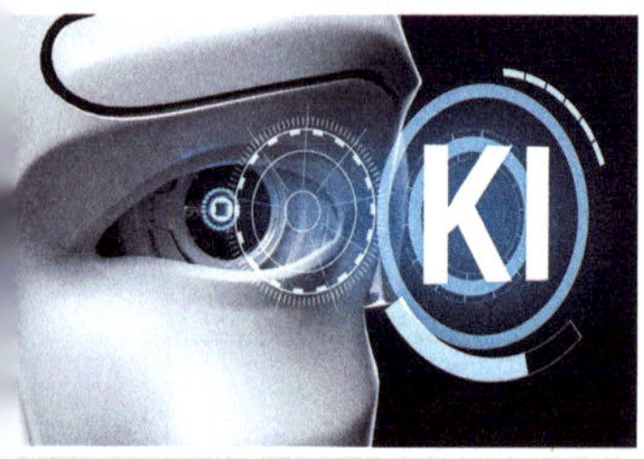

4 Lies die Stellungnahme „**Kritisch bleiben ist wichtig**“ (S. 67).
In jeder Zeile ist ein Wort markiert.

a) Stelle zu den markierten Wörtern Fragen wie diese:
Anders gesprochen als geschrieben?
Warum groß, warum klein?
Warum zusammen? Warum getrennt?
Unterstreiche im Wort schwierige Stellen.

b) Kreuze die Strategien a – h an, mit der du einen Fehler an der unterstrichenen Stelle vermeiden kannst.
Führe die Strategie im Kopf durch.

c) Tausche dich mit anderen über deine Lösungen aus.

5 Stelle Wortfamilien zu übersetzen und Fehler zusammen.

a) Ergänze die Wortfamilien mit einem Wörterbuch.
Markiere die Wortbausteine, die gleich geschrieben werden, farbig wie im Beispiel.

übersetzen, setzen, ______________________________

____

Fehler, fehlen, ______________________________

____

b) Wähle zwei weitere markierte Wörter aus und erstelle dazu Wortfamilien wie in Aufgabe a). Nutze ein Wörterbuch.

____

____

____

____

____

Was kannst du tun, um einen Fehler zu vermeiden?

Welches Rechtschreibproblem erkennst du?

Kritisch bleiben ist wichtig

Nr.	Satz	a. Silbenprobe durchführen	b. Wörter verlängern	c. Wörter ableiten	d. Wörter zerlegen	e. Wörter erweitern	f. Auf die Betonung achten	g. Wörter einschieben	h. Wörter nachschlagen
1	„KI“ – diese beiden Buchstaben erledigen viele Aufgaben.								
2	Die Abkürzung steht für „Künstliche Intelligenz“. Doch was ist das eigentlich?								
3	„KI“ übersetzt und schreibt Texte, beantwortet Fragen, lernt ständig dazu.								
4	„Künstliche Intelligenz sind im Grunde genommen Computerprogramme,								
5	die jetzt das machen sollen, was vorher Menschen auch gemacht haben“,								
6	erklärt die Professorin Judith Simon.								
7	Im Moment ist überall von dem Programm ChatGPT die Rede.								
8	Manche finden das Thema extrem spannend, andere machen sich Sorgen.								
9	Hier bekommst du einen Eindruck, welche Möglichkeiten und Probleme sich durch KI ergeben.								
10	Sollte KI im Unterricht zum Einsatz kommen oder nicht?								
11	Mit dieser Frage beschäftigen sich viele Fachleute.								
12	„Man kann ChatGPT nutzen, um Schreiben zu üben“, sagt Judith Simon.								
13	Das Programm könne helfen, Texte zu verbessern und Fehler zu finden.								

BIN STOLZ AUF DICH!

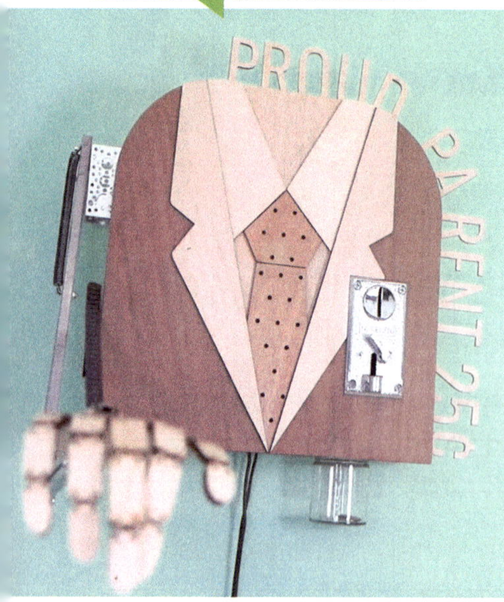

❻ Sieh dir die beiden Texte auf Seite 69 an. Im linken Text sind einige Wörter mit einer schwierigen Stelle unterstrichen.

a) Suche im rechten Text das entsprechende Wort und unterstreiche es ebenfalls.

b) Eines der beiden Wörter ist richtig, das andere falsch geschrieben. Streiche die falsche Schreibweise durch.

c) Begründe deine Entscheidungen:

Quatsch-Maschinen mit i, weil: Maschine Fremdwort auf -ine.

Ohrenschützer: schützer mit tz, weil: Silbengelenk: schüt zer.

Sp__________ ohne h, weil: offene Silbe ohne Dehnungs-h.

aus__________ mit h, weil: wir se hen mit silbentrennendem h.

schr__________ mit b, weil: wir schrau ben.

sto________ mit z, weil: ein stol zer Mensch – geschlossene Silbe.

den__________ mit____, weil: wir ____________________________

ver__________________________ mit ____, weil: ver|rückt.

________stellen mit ____, weil: Wortbaustein ________

fil______ mit ____, weil: wir ______________ – geschlossene Silbe

beim ____rbeiten groß, weil: erweiterbar: beim ________ Arbeiten

bez______len mit h, weil: Merkwort mit Dehnungs-h vor l.

erz____hlt mit ____, weil: abgeleitet von ________________.

Die Königin der Quatsch-Maschienen

Simone Giertz trägt eine gelbe Schutzbrille, pinke Ohrenschützer und eine Atemschutzmaske. Späne fallen auf ihren Werkstattboden, während sie die Stichsäge konzentriert übers Sperrholz führt. Aus der Holzplatte wird ein Gerüst, das wie der Oberkörper eines strengen Vaters aussieht: mit Hemd, Krawatte und Jackett. An die Schulter schraupt Simone den Metallarm einer Lampe. Der wird durch einen Motor bewegt, der mit einem Münzautomaten verbunden ist.

Wie nennst du diese Erfindung, Simone? Das ist eine Stolze-Eltern-Maschine, meine absolute Lieblingserfindung! Sie klopft mir für ein paar Cent auf die Schulter und sagt dabei mit tiefer Vaterstimme: „Bin stolz auf dich!“

Simone ist Erfinderin von Beruf: Sie denkt sich die verücktesten Dinge aus, die man sich forstellen kann. Davon kann sie sogar leben! Allerdings verdient Simone ihr Geld nicht vorrangig damit, dass sie Maschinen verkauft. Stattdessen filmt sie sich in ihrer Werkstatt in Los Angeles in den USA beim arbeiten. In den Videos machen Firmen auch Werbung und bezalen Simone dann dafür. Sie hat Zeit LEO bei einem Interview von ihrer Arbeit erzehlt.

Die Königin der Quatsch-Maschinen

Simone Giertz trägt eine gelbe Schutzbrille, pinke ~~Orenschüzer~~ und eine Atemschutzmaske. Spähne fallen auf ihren Werkstattboden, während sie die Stichsäge konzentriert übers Sperrholz führt. Aus der Holzplatte wird ein Gerüst, das wie der Oberkörper eines strengen Vaters aussiet: mit Hemd, Krawatte und Jackett. An die Schulter schraubt Simone den Metallarm einer Lampe. Der wird durch einen Motor bewegt, der mit einem Münzautomaten verbunden ist.

Wie nennst du diese Erfindung, Simone? Das ist eine Stolze-Eltern-Maschine, meine absolute Lieblingserfindung! Sie klopft mir für ein paar Cent auf die Schulter und sagt dabei mit tiefer Vaterstimme: „Bin stoltz auf dich!“

Simone ist Erfinderin von Beruf: Sie denckt sich die verrücktesten Dinge aus, die man sich vorstellen kann. Davon kann sie sogar leben! Allerdings verdient Simone ihr Geld nicht vorrangig damit, dass sie Maschinen verkauft. Stattdessen filmmt sie sich in ihrer Werkstatt in Los Angeles in den USA beim Arbeiten. In den Videos machen Firmen auch Werbung und bezahlen Simone dann dafür. Sie hat Zeit LEO bei einem Interview von ihrer Arbeit erzählt.

Schülerband
Seiten 250 – 253

Fremdwörter erkennen und richtig schreiben

die Cloud	die Cookies
das Display	das Handy
der Livestream	die Montage
das Phishing	der Podcast
die Reportage	die Shareware
die Shifttaste	die Show
der Thriller	das Video
die Yellow Press	

❶ Die Wörter auf dem Zettel gehören in den Bereich „Medien". Es sind Fremdwörter mit Schreibbesonderheiten.
- Lies die Wörter. Wenn du ein Wort nicht verstehst, schlage seine Bedeutung nach.

❷ Ordne die Fremdwörter in die Tabelle ein.
- Markiere zuerst in den Wörtern in der Tabelle die gemeinsame Merkstelle.
- Schreibe dann die Fremdwörter vom Zettel in die passende Tabellenspalte.
- Du kannst weitere Fremdwörter ergänzen.

Fremdwörter mit **C/c**	Fremdwörter mit **V/v**	Fremdwörter mit **Y/y** als Vokal	Fremdwörter mit **Y/y** als Konsonant
das Café	der Vokal	die Party	der Yogalehrer
das Camp	das Volumen	der Intercity	der Yuppie

Fremdwörter mit **Th/th**	Fremdwörter mit **Ph/ph**	Fremdwörter mit **Sh/sh**	Fremdwörter mit **-age**
das Thema	das Phishing	das Shirt	die Garage
das Theater	das Smartphone	der/das Shuttle	die Blamage

3 Ein Wort passt jeweils nicht in die Wortreihen a – c.
- Streiche das Wort durch, das nicht in die Reihe passt.
- Ergänze jeweils ein weiteres Wort, das zu den anderen passt.
- Begründe deine Entscheidung im Gespräch.

a. die Chronik, das Chlor, das Chaos, die Krone ____________

b. der Chip, die Schrift, der Champion, die Chance ____________

c. der Comic, die Kohle, das Cover, der Cursor ____________

4 Wähle drei Wörter aus den beiden Tabellen von Seite 70 aus und suche verwandte Wörter mit dem Wörterbuch.
Markiere die gemeinsame Merkstelle.

____________________ : ____

____

____________________ : ____

____

____________________ : ____

____

5 Streiche immer die falsche Schreibweise durch.
Grundsätzlich gilt: Nutze im Zweifel ein Wörterbuch!

a. das Labyrint – das Labyrinth
b. der Akusativ – der Akkusativ
c. die Globusse – die Globuse
d. der Gulli – der Gully
e. der Dativ – der Datif
f. die Krise – die Kriese
g. die Razia – die Razzia
h. das Krokodil – das Krokodiel
i. die Batterie – die Batteri
j. die Gardine – die Gardiene
k. die Funktion – die Funkzion
l. die Phase – die Fase
m. der Apostrof– der Apostroph
n. die Courage – die Kourage

Schülerband
Seiten 254 – 257

Groß oder klein? Nominale Kerne im Satz finden

→ Nutze die Hinweise zu den Rechtschreibregeln „Groß oder klein“ im Schülerband: Wissen und Können, S. 297.

1 In dem folgenden Text äußert sich eine Expertin zum Thema „Bewegungsmangel am Bildschirm“.

a) Lies den 1. Abschnitt und erkläre die Großschreibung der dickgedruckten Wörter:
Bildschirm groß, weil: erweitert: weniger Bildschirm
Bewegung groß, weil: erweiterbar: ...

Weniger **Bildschirm** – mehr **Bewegung**

Kinder und Jugendliche verbringen immer mehr Zeit vor dem Bildschirm. Beim ständigen **Sitzen** leidet die körperliche Gesundheit, aber auch die seelische. Silvia Domen, Sprecherin bei einer großen **Krankenkasse**, weist auf aktuelle Untersuchungen, Erkenntnisse und Tipps zu dieser Problematik hin. Festgestellt wurde zum Beispiel, dass zu viel Bildschirmzeit und zu wenig Bewegung zu Übergewicht führen kann– mit ernsten Spätfolgen wie etwa Diabetes. Silvia Dohmen bietet aber auch viel **Hilfreiches** an in ihren Tipps zur **Umwandlung** von „Sitzzeit“ in sportliche Bewegung.

b) Im 2. Abschnitt sind nur Satzanfänge und Namen großgeschrieben. Berichtige die Anfangsbuchstaben der Wörter, die großgeschrieben werden müssen, wie im Beispiel.

Von großer ~~w~~ichtigkeit (W) sind betätigungen, die spaß machen. So bleibt man mit mehr motivation dabei. Und sie rät zu einem langsamen steigern: „Anfangs reicht leichtes trainieren vollkommen aus. Dauer und anstrengung können dann langsam erhöht werden.“ Selbst treppensteigen oder radfahren bringen schon etwas. Optimal sind ausdauersportarten, die möglichst viele muskeln beanspruchen, etwa schwimmen, joggen oder walken. Aber man kann auch zwischendurch kurze übungen zum muskelaufbau einbauen, beispielsweise liegestütze. Entscheidend und zugleich am schwierigsten umzusetzen ist, so Silvia Domen, dass der tägliche medienkonsum heruntergefahren wird und sportzeiten eingeplant werden: „Das gelingt am besten gemeinsam mit anderen, die das gleiche ziel verfolgen."

c) Arbeitet auch zu zweit: A liest den Satz mit dem Wortbeispiel, B nennt und erläutert die Lösung. Sprecht ab, wann die Rollen getauscht werden.

2 a) Warum werden die im Text blau gedruckten Wörter kleingeschrieben? Kreuze die richtige Begründung an.
Am schwierigsten und am besten werden kleingeschrieben, weil ...

- ☐ vor den Wörtern kein Artikel stehen kann.
- ☐ die Wörter Steigerungsformen von Adjektiven sind.
- ☐ sie in den Sätzen nicht erweiterbar sind.

b) Schreibe einen weiteren Satz auf, in dem ein Adjektiv gesteigert ist, z. B. am liebsten, am größten oder am schnellsten.

c) Überprüfe deine Lösung im Gespräch mit anderen.

❸ Viele wollen mehr für ihre Gesundheit tun und nutzen häufiger das Fahrrad.

a) Schreibe die Ausdrücke vom Rand der Reihe nach in der richtigen Groß- und Kleinschreibung in die Satzlücken.

b) Erläutere jemandem deine Lösung.

TOUREN	Mit ihren ______________ auf bunt beleuchteten Rädern
AUFMERKSAM	wollen sie auf etwas ______________________ machen:
BEWEGUNG, SICHERHEIT	Mehr ___________________ und ___________________
STRAẞENVERKEHR	im __________________________. „Sehen und gesehen
WICHTIG	werden" ist ihnen dabei besonders ______________, wie
LEUCHTEND, ZEIGEN	sie betonen und grell ________________ ____________.
BELEUCHTETEN	Die ________________________ Fahrräder fallen sofort
UNBELEUCHTETEN	ins Auge, anders als die ___________________________.
AKTIONEN	Zu solchen __________________ versammeln sich nicht
ZUSCHAUENDE	nur ____________________. Viele wollen mitmachen und

kommen mit dem Fahrrad, natürlich ________________ AUFFALLEND

geschmückt. Mit der Zeit stellen ________________ TEILNEHMENDE

fest: Es nicht nur ________________. Sie tun etwas RADFAHREN

________________ für ihre ________________. GUTES, GESUNDHEIT

4 Ergänze die Sätze mit passenden Zeitangaben:
MORGENS, AM MORGEN, NACHMITTAGS, AM NACHMITTAG, ABENDS, AM ABEND, NACHTS, IN DER NACHT, TAGSÜBER, FRÜH MORGENS.
Achte auf die Groß- und Kleinschreibung.

a. Mit ihren Touren wollen sie auf etwas aufmerksam machen.

____

____

b. Mehr Sicherheit im Straßenverkehr ist wichtig zu jeder Tageszeit: ...

____

____

c. Die beleuchteten Fahrräder fallen sofort ins Auge.

____

____

5 Auf Seite 76 siehst du zwei Stellungnahmen zu dem Text „Weniger Bildschirm – mehr Bewegung". Darin sind einige Wörter falsch groß- oder kleingeschrieben.
a) Suche die Fehler und unterstreiche sie.
b) Berichtige sie wie im Beispiel.
c) Erkläre jemandem die Lösung.

Kontra

Beitrag

Frau Domen gibt in ihrem beitrag eine Menge tipps, wie man sich im Alltag mehr Bewegen kann, aber ganz so einfach ist es nicht. Man soll Betätigungen aussuchen, die spaß machen. Aber es gibt eine menge Menschen, denen gar keine Sportliche Betätigung Spaß macht. Etwas bedenkenswertes sehe ich auch bei den übungen zum Muskelaufbau. Es ist Beispielsweise nicht Unproblematisch, zu Hause mit Einfachen Hilfsmitteln Krafttraining zu betreiben. Ohne fachliche anleitung kann das mehr Schaden als Nutzen zur folge haben. Und vor Allem glaube ich, dass es im allgemeinen wenig Erfolgversprechend ist, gewohnheitsmäßige „Bildschirmhocker" mit Sporttipps in bewegung bringen zu wollen.

Pro

Ich finde es gut, dass Frau Domen noch einmal auf den bewegungsmangel hinweist. Es ist doch klar, dass stundenlanges sitzen vor dem Bildschirm nicht Gesund sein kann. Ihre Tipps, wie man auf einfache weise in Bewegung kommt, können von Jedem umgesetzt werden. Wichtig ist, dass alles in den Alltag Eingebaut werden kann. Wer keine zeit für den Besuch im Fitnessstudio hat, kann selbst früh Morgens oder am abend nach der Arbeit noch etwas Trainieren. Und am Wochenende findet sich sicher Zeit, sich an der Frischen Luft zu bewegen. Bei den vielen Ideen, die Frau Domen vorstellt, ist sicher für viele etwas sinnvolles dabei.

6 Groß oder klein? Übt dazu in Partnerarbeit:

a) Begründet im Gespräch, wie man die Großschreibung der Wörter in den Sätzen a–d erkennt.

a. Eine sportliche Betätigung kann großen Spaß machen.
b. Man sollte Dauer und Anstrengung langsam steigern.
c. Sucht nach etwas Sinnvollem und Erfolgversprechendem.
d. Macht zuerst die einfachen Übungen, die schwierigen und anspruchsvollen später.

b) Jeder ergänzt in dem folgenden Satz mehrere Angaben.

Eine sportliche Betätigung mit guten Freunden und ohne ______

______ kann großen Spaß machen

und ______.

c) Überprüft gemeinsam die Groß- und Kleinschreibung in den Ergänzungen.

d) Jeder schreibt einen weiteren Satz vom Zettel auf.

______

______

e) Der oder die andere ergänzt den Satz durch weitere Angaben.

______

______

______

______

Schülerband
Seiten 258 – 261

Getrennt oder zusammen? Strategien nutzen

1 Ein Wort oder zwei Wörter? Manchmal ist das gar nicht so leicht zu entscheiden.

a) Schau dir die Sätze a – d an und lies sie laut.
- Unterstreiche die Schreibweise, für die du dich entscheidest.
- Notiere darunter, warum du dich so entschieden hast.
  ... getrennt, weil ... / zusammen, weil ...

a. Das Praktikum haben wir **zusammen gemacht/zusammengemacht**.

____

b. Aus den Materialien haben wir für unseren Bericht schon einiges **zusammen geschrieben/zusammengeschrieben**.

____

c. Wenn nichts **dazwischen kommt/dazwischenkommt**, werden wir bald an den Berichten **weiter schreiben/weiterschreiben**.

____

____

d. Viele Arbeiten sind uns nicht besonders **schwer gefallen/schwergefallen**.
Beim Aufräumen bin ich einmal gestolpert und **schwer gefallen/schwergefallen**.

____

____

b) Sprecht über die Bearbeitung der Sätze a – d:
Was klappte ohne Schwierigkeiten? Was war schwierig?

2 Zusammen oder getrennt? Schreibe die Ausdrücke vom Rand richtig in die Satzlücken.
Achte besonders auf Bedeutungsunterschiede und Betonung.

a. Bei vielen Arbeiten muss man ______________________, um sich nicht zu verletzen. — fest?stehen

Heute wird es ______________________, ob ich mich im Betrieb bewerben kann.

b. Für Fehler muss man natürlich ______________________. — gerade?stehen

Bei vielen Arbeiten kann man kaum ______________________.

c. Wir sind noch nicht ______________________, die Berichte abzugeben. — dazu?kommen

Es werden noch weitere Berichte ______________________.

d. Bei bestimmten Arbeiten sollten wir nicht stehen, — d. dabei?sitzen

sondern ______________________.

Wir durften auch bei wichtigen Besprechungen

______________________.

e. Bei kniffligen Arbeiten sollte man den Kopf möglichst — e. still?halten

______________________.

Wehr dich doch mal! Du hast schon viel zu lange

______________________.

3 Überprüfe deine Ergebnisse mit dem Wörterbuch.

4 Im dem Zeitungsbericht sind einige Ausdrücke unterstrichen.
a) Berichtige die Fehler in den unterstrichenen Wörtern.
- Streiche Fehler durch.
- Berichtige jeweils über dem Wort wie im Beispiel.
- Kontrolliere gemeinsam mit jemandem.

Mit Gurt und Helm ist der Kindertransport sicherer

Fachleute
~~Fach Leute~~ haben sich diese Woche in Essen an geschaut, wie sicher Lasten Räder sind. Sie setzten Puppen, die etwa so groß und schwersind wie Kinder, in die Lastenräder. Dann spielten sie gefährliche Situationen im Verkehr nach. Sie beobachteten, was bei einem Unfall passiert. Waren die Puppen nicht an geschnallt, fielen sie bei einer voll Brem-sung vor dem Lasten Rad auf die Straße. Echte Menschen wären dabei höchst wahrscheinlich verletzt worden.

Die Fachleute raten daher: Mit Helm und Gurt ist es sicherer! Ein Fähnchen am Fahrrad kann dafürsorgen, dass Autofahrer es nicht so leichtübersehen.